Viajero Interno

Descubriendo el mundo y
descubriéndote a ti mismo

Vimi Vera

Copyright © 2023 Vimi Vera

Todos los derechos reservados.

www.comolovi.com

Índice

Viaje Interno 6
Preparándose para el viaje interno 15
La autoconciencia 15
El autoconocimiento 23
Conexión entre el mundo exterior e interior 25
Metas y objetivos personales 29
Explorando las emociones y los sentimientos 30
El poder de la introspección 41
Creencias y valores 43
Herramientas para el viaje interno 45
Meditación 45
Mindfulness 46
Prácticas comunes de meditación y mindfulness 48
Reestructuración cognitiva 58
Dimensiones en el viaje interno 62
Enfrentando obstaculos internos 78
El camino hacia la transformación 83
El viaje interno como un viaje sin fin 96
Recursos adicionales 102

3

Viaje Interno

Imaginemos un mundo donde las personas estén comprometidas con su viaje interno, donde la búsqueda de la autenticidad y el crecimiento personal sea valorada y fomentada. En este mundo, la autoconciencia sería una cualidad común, donde cada individuo se toma el tiempo para reflexionar sobre sí mismo, sus acciones y sus impactos en los demás.

La autoaceptación sería la base de las relaciones humanas. Las personas se aceptarían a sí mismas con amor y compasión, lo que les permitiría aceptar y respetar a los demás en su diversidad y singularidad. Habría un entendimiento profundo de que todos estamos en un proceso de crecimiento y transformación, y se honraría el viaje de cada individuo.

La empatía sería una fuerza impulsora en este mundo. Las personas serían capaces de conectarse y comprender los sentimientos y las experiencias de los demás, lo que llevaría a una mayor compasión y solidaridad. Se crearían espacios seguros y acogedores donde las personas pudieran compartir sus experiencias y triunfos, encontrando apoyo y aliento mutuo.

En un mundo de viajeros internos, también habría una valoración profunda del conocimiento y la sabiduría interior. La búsqueda del autodescubrimiento y la autorreflexión serían parte integral de la educación y el desarrollo humano. Las habilidades emocionales y la inteligencia espiritual serían cultivadas desde temprana edad, permitiendo a las personas explorar y comprender su propósito y su conexión con algo más grande que ellas mismas.

Este mundo estaría impregnado de respeto por la diversidad y la pluralidad de caminos de vida. Se celebrarían las diferencias individuales y se fomentaría el diálogo constructivo y el intercambio de ideas. Las personas serían libres para seguir su propio camino de crecimiento, sin juicios ni expectativas externas que los limiten.

Imaginar un mundo de viajeros internos nos invita a reflexionar sobre nuestra responsabilidad personal en la creación de ese mundo. Cada uno de nosotros tiene la capacidad de contribuir a este viaje colectivo al comprometernos con nuestro propio crecimiento, alentando y apoyando a los demás en su camino y promoviendo una cultura de autoconciencia y compasión.

Un mundo de viajeros internos sería un lugar en el que el autodescubrimiento y el crecimiento personal serian apreciados y fomentados. Un mundo de compasión, empatía y entendimiento profundo, donde las personas se aceptan a sí mismas y a los demás. Al embarcarnos en nuestro propio viaje interno, cada uno de nosotros puede contribuir a crear este mundo, lo que nos inspira a continuar explorando y creciendo, sabiendo que nuestro viaje tiene un impacto más allá de nosotros mismos.

El concepto de viaje interno puede ser nuevo para muchos, y su interpretación puede variar dependiendo de cada individuo. Sin embargo, en esencia, el viaje interno se refiere a la exploración personal que emprendemos para descubrirnos a nosotros mismos. Es un viaje que nos lleva al núcleo de nuestro ser, donde podemos descubrir nuestras verdaderas aspiraciones, miedos, fortalezas y debilidades.

El viaje interno no es un camino sencillo. A menudo, requiere que enfrentemos verdades incómodas y confrontemos partes de nosotros mismos que podríamos preferir ignorar. Sin embargo, es a través de esta confrontación que podemos crecer y evolucionar. Cada obstáculo superado y cada verdad descubierta nos lleva un paso más cerca de la autorrealización.

El viaje interno no es un proceso lineal. No es un camino que podamos seguir de principio a fin, con un comienzo y un final claramente definidos. Es un proceso continuo de autodescubrimiento y autoconciencia que continuamos a lo largo de nuestras vidas. Es un camino que a menudo es impredecible y desafiante, pero que siempre es enriquecedor y transformador.

El viaje interno cobra una relevancia significativa en la vida moderna. En un mundo cada vez más vertiginoso y orientado hacia lo externo, el acto de dirigir la mirada hacia nuestro interior se ha convertido en una necesidad esencial para alcanzar el equilibrio y la autenticidad en nuestras vidas. En esta era de constante información y conectividad, a menudo nos vemos abrumados por las rutinas diarias, las presiones sociales y las demandas profesionales, lo que nos lleva a desconectarnos de nosotros mismos, alejándonos de nuestras emociones, deseos y valores más profundos.

En este contexto, el viaje interno no es un lujo, sino una necesidad imperante. Nos brinda la invaluable oportunidad de explorar las profundidades de nuestro ser, comprender nuestras pasiones y enfrentar nuestros miedos de manera genuina. A través de este proceso, desenterramos nuestra auténtica identidad, lo que nos permite tomar decisiones que están alineadas con nuestra verdadera esencia.

Una de las dimensiones más críticas de este viaje es el autoconocimiento. En la vida moderna, estamos a menudo tan ocupados que perdemos la conexión con nosotros mismos, desconectándonos de nuestras emociones, deseos y necesidades. Al reconectar con nuestra propia esencia, adquirimos una base sólida para tomar decisiones más acertadas y vivir una vida más auténtica.

La gestión del estrés también se beneficia enormemente del viaje interno. En un mundo moderno donde el estrés es una realidad constante, este viaje nos provee de herramientas internas para manejarlo de manera efectiva. Con un conocimiento más profundo de nuestras fuentes de estrés, somos capaces de enfrentar y reducir las tensiones, mejorando significativamente nuestra calidad de vida.

La búsqueda de la autenticidad es un desafío inherente en la vida moderna, que a menudo nos presiona para encajar en moldes predefinidos. Aquí, el viaje interno se convierte en un poderoso aliado, empoderándonos para ser fieles a nosotros mismos. Al descubrir y abrazar nuestra verdadera esencia, vivimos de acuerdo con nuestros valores y aspiraciones personales, en lugar de ceder ante las expectativas de los demás.

Las relaciones significativas también florecen a través del viaje interno. Al conocernos mejor, nos convertimos en seres más auténticos y capaces de relacionarnos de manera más profunda y significativa con los demás. Las relaciones se fortalecen cuando somos capaces de comunicarnos desde la verdad y autenticidad.

El bienestar emocional y mental es un aspecto crucial que se ve beneficiado por el viaje interno. La vida moderna a menudo nos empuja a reprimir nuestras emociones, lo que puede tener un impacto negativo en nuestra salud mental. El viaje interno nos invita a explorar nuestras emociones, abrazar nuestras sombras y celebrar nuestras luces, contribuyendo así a un mayor bienestar emocional y psicológico.

El viaje interno es un proceso de autoexploración que nos permite comprender quiénes somos en realidad. Al observar nuestras emociones, pensamientos y patrones de comportamiento, ganamos una visión más clara de nuestra verdadera naturaleza. Este autoconocimiento es esencial para el crecimiento personal, ya que nos proporciona la base desde la cual podemos comenzar a cambiar y evolucionar.

En este proceso, nos enfrentamos a nuestras sombras, es decir, a los aspectos menos deseados o menos conocidos de nosotros mismos. En lugar de reprimir estas partes de nuestra personalidad, el viaje interno nos permite abrazarlas y entenderlas. Este acto de autoaceptación es esencial para el crecimiento personal, ya que nos libera de la autojudicación y nos permite avanzar con mayor confianza.

El viaje interno también nos permite identificar y superar las limitaciones autoimpuestas. A menudo, nuestras creencias limitantes y nuestros miedos subyacentes son los mayores obstáculos para el crecimiento personal. Al explorar nuestro interior, podemos reconocer estas barreras y trabajar en desmantelarlas, lo que nos permite alcanzar nuestro potencial pleno.

El crecimiento personal implica un proceso continuo de desarrollo y mejora. El viaje interno proporciona una hoja de ruta para este proceso, ya que nos ayuda a establecer metas y objetivos personales basados en nuestros valores y pasiones genuinas. Al alinear nuestras acciones con nuestros valores internos, experimentamos un crecimiento más auténtico y significativo.

En las relaciones interpersonales, el viaje interno también desempeña un papel esencial. Al comprendernos mejor a nosotros mismos, desarrollamos una mayor empatía y comprensión hacia los demás. Esto mejora nuestras relaciones y nos permite crecer a través de las interacciones con quienes nos rodean.

Además, el viaje interno promueve la resiliencia y la capacidad de adaptación. A medida que enfrentamos desafíos y cambios en la vida, el autoconocimiento y la aceptación de nuestras emociones nos brindan herramientas para afrontar estas situaciones con mayor fuerza y claridad.

La búsqueda interior es un viaje apasionante hacia el yo profundo, un proceso que implica explorar los recovecos más recónditos de nuestra psique y descubrir la riqueza y la complejidad de nuestro ser. En este viaje, nos sumergimos en un mundo interior que a menudo es tan vasto y enigmático como el universo mismo.

La búsqueda interior se inicia con la curiosidad y el deseo de conocernos más a fondo. Nos lleva a cuestionar quiénes somos realmente, más allá de las máscaras que solemos presentar al mundo. Esta exploración es un acto de valentía, ya que implica enfrentar nuestras sombras y descubrir la verdad de nuestro ser, con todas sus imperfecciones y heridas.

El viaje hacia el yo profundo nos permite explorar nuestras emociones, deseos, miedos y sueños. Al hacerlo, ganamos una comprensión más completa de lo que nos motiva y nos desafía. A menudo, encontramos raíces emocionales que explican nuestros patrones de comportamiento, lo que nos da la oportunidad de crecer y evolucionar.

Este viaje también nos lleva a confrontar creencias arraigadas y prejuicios que hemos adquirido a lo largo de la vida. Al cuestionar estas creencias, podemos liberarnos de las limitaciones autoimpuestas y expandir nuestro potencial.

A veces, nos encontramos con resistencia interna o enfrentamos momentos de confusión. Sin embargo, estos desafíos son oportunidades para un mayor crecimiento. Al explorar nuestras resistencias y confusión, a menudo descubrimos lecciones importantes sobre nosotros mismos.

El viaje hacia el yo profundo también implica aprender a escuchar nuestra intuición y conectarnos con nuestra sabiduría interior. A medida que afinamos nuestra conciencia, somos capaces de tomar decisiones más acertadas y vivir de manera más auténtica.

Este proceso no solo beneficia nuestra relación con nosotros mismos, sino también con los demás. A medida que nos conocemos más a fondo, desarrollamos una mayor empatía y comprensión hacia los demás, lo que mejora nuestras relaciones y nos permite conectar de manera más significativa.

La búsqueda interior es un viaje continuo. A medida que evolucionamos, nuestros deseos y necesidades también cambian. Este viaje nos brinda una brújula interna que nos guía a lo largo de nuestras vidas, ayudándonos a tomar decisiones más alineadas con nuestra verdadera esencia.

El libro aspira a inspirar a los lectores a emprender su propio viaje interior, despertando la curiosidad y la motivación para explorar las profundidades de su ser. Proporciona herramientas prácticas para ayudar a los lectores en su viaje interno, ofreciendo técnicas de meditación, ejercicios de reflexión, consejos y estrategias de autoconocimiento. Fomenta la búsqueda de la autenticidad, alentando a los lectores a vivir de manera más genuina y alineada con su verdadera esencia.

El libro busca ayudar a los lectores a enfrentar y abrazar sus sombras, comprendiendo que el autoconocimiento y la aceptación son esenciales para el crecimiento personal. Ofrece orientación sobre cómo establecer metas y objetivos personales que estén en sintonía con los valores y pasiones de cada individuo.

Promueve la resiliencia y la capacidad de adaptación, brindando herramientas para enfrentar desafíos y cambios en la vida con fortaleza y claridad. Busca fortalecer las relaciones interpersonales, alentando una mayor empatía y comprensión hacia los demás a medida que los lectores profundizan su autoconocimiento.

Los objetivos del libro se centran en brindar a los lectores inspiración, herramientas prácticas y orientación para su viaje interno, con la finalidad de que puedan descubrir su verdadera esencia, crecer como individuos y vivir una vida más auténtica y significativa.

Preparándose para el viaje interno

La autoconciencia

El autodescubrimiento es una parte integral del viaje interno. Es a través de este viaje que podemos desentrañar las capas de nuestra personalidad y descubrir nuestra verdadera esencia.

Este viaje puede tomar muchas formas. Puede implicar una introspección profunda, en la que reflexionamos sobre nuestros pensamientos, emociones y comportamientos. Puede requerir que confrontemos nuestros miedos y dudas, que aceptemos nuestras debilidades y que celebremos nuestras fortalezas. Puede requerir que hagamos las paces con nuestro pasado y que planifiquemos nuestro futuro.

El viaje de autodescubrimiento puede ser emocionalmente desafiante. Puede requerir que confrontemos traumas y heridas pasadas y que nos perdonemos a nosotros mismos y a los demás. Sin embargo, a través de este proceso de confrontación y perdón, podemos liberarnos de la negatividad y la culpa que nos han estado deteniendo, y podemos avanzar hacia un futuro más saludable y positivo.

A lo largo de este viaje, es importante recordar que todos somos individuos únicos con nuestras propias experiencias y percepciones. Lo que funciona para uno puede no funcionar para otro.

Tenemos que ser amables con nosotros mismos durante todo el proceso y recordar que el autodescubrimiento es un viaje personal que cada uno de nosotros debemos emprender a nuestro propio ritmo.

Además del autodescubrimiento, el viaje interno también implica descubrir el mundo que nos rodea. Aunque puede parecer contradictorio, entender nuestro mundo interior puede ayudarnos a comprender mejor el mundo exterior.

El viaje de descubrir el mundo puede implicar explorar diferentes culturas, aprender nuevas habilidades, o incluso participar en nuevas experiencias. Cada nueva experiencia nos proporciona una nueva perspectiva que puede ayudarnos a entender mejor a nosotros mismos y al mundo en el que vivimos.

Al igual que el viaje de autodescubrimiento, el viaje de descubrir el mundo es un proceso personal. Cada uno de nosotros tiene nuestra propia manera de interactuar con el mundo y cada uno de nosotros tiene nuestras propias experiencias y percepciones.

Sin embargo, independientemente de nuestras diferencias, todos compartimos la capacidad de aprender y crecer a través de nuestras interacciones con el mundo exterior. El viaje interno, es un viaje que nos lleva a la profundidad de nuestro ser y a la amplitud del mundo exterior. Es un viaje de autoconciencia, de aprendizaje, de crecimiento y de transformación. Es un viaje que todos podemos emprender, y que puede cambiar nuestras vidas para mejor.

Reconocer la necesidad de cambio es un paso crucial en el viaje hacia el autodescubrimiento y el crecimiento personal. A menudo, este reconocimiento surge de un profundo sentido de insatisfacción, un sentimiento de estancamiento o una llamada interna que nos empuja hacia una transformación. Este punto de inflexión nos lleva a cuestionar nuestra situación actual y a considerar la posibilidad de que existe una vida más significativa y auténtica que podemos alcanzar.

A menudo, el descontento es el catalizador que nos lleva a reconocer la necesidad de cambio. Es importante entender que el descontento puede ser una fuerza positiva si lo utilizamos para impulsarnos hacia una vida más alineada con nuestros deseos y valores. Reconocer la necesidad de cambio nos permite ajustarnos a nuevas circunstancias, superar desafíos y aprovechar oportunidades.

Cuando reconocemos que necesitamos cambiar, comenzamos a explorar opciones y alternativas. Esto puede incluir la búsqueda de nuevas perspectivas, la adopción de prácticas de autoexploración y la búsqueda de apoyo externo, como terapia o mentoría. Al reconocer la necesidad de cambio, abrimos la puerta a un viaje interno que nos lleva a comprender nuestras limitaciones, superar obstáculos y expandir nuestro potencial. Este proceso nos permite vivir de manera más auténtica y significativa, tomando decisiones basadas en lo que es verdaderamente importante para nosotros.

El cambio no solo afecta nuestra relación con nosotros mismos, sino también nuestras relaciones con los demás. Al buscar el cambio, a menudo mejoramos nuestras relaciones al ser más auténticos y conscientes de nuestras interacciones.

La búsqueda de la conexión con uno mismo es otra parte integral del viaje interno y del proceso de autodescubrimiento. En este camino, nos adentramos en las profundidades de nuestra identidad para responder a una de las preguntas más fundamentales de la existencia: ¿Quién soy?

La respuesta a esta pregunta no es superficial ni estática; es un viaje de autodescubrimiento continuo que nos lleva a explorar nuestras múltiples dimensiones. La conexión con uno mismo implica comprender y conectarse con la esencia de quiénes somos en un nivel fundamental. Es una búsqueda para descubrir nuestra verdadera naturaleza, más allá de las máscaras que usamos en la vida cotidiana.

Quiénes somos están intrínsecamente vinculados a nuestros valores y creencias. En este viaje, examinamos nuestras creencias arraigadas, cuestionando aquellas que ya no nos sirven y fortaleciendo aquellas que resuenan con nuestra verdadera esencia. La conexión con uno mismo nos lleva a explorar nuestras emociones, deseos y necesidades. A menudo, descubrimos que nuestras emociones pueden ser nuestras guías internas, ayudándonos a tomar decisiones que estén alineadas con nuestros valores y metas.

Parte fundamental de esta conexión implica enfrentar y abrazar nuestras sombras. Enfrentar nuestras sombras internas, a veces conocido como el trabajo de la sombra, es un aspecto esencial pero desafiante del viaje de autodescubrimiento.

Nuestras sombras son aquellas partes de nosotros que consideramos inaceptables, aspectos de nuestra personalidad que preferiríamos ignorar o rechazar. Pueden incluir nuestros miedos, inseguridades, impulsos negativos, traumas y otros patrones de comportamiento autodestructivos.

Reconocer y confrontar nuestras sombras puede ser un proceso incómodo y a veces doloroso. Puede requerir que enfrentemos verdades difíciles sobre nosotros mismos y que nos enfrentemos a las experiencias y emociones dolorosas del pasado. Sin embargo, este proceso también puede ser profundamente liberador y transformador.

Al enfrentar nuestras sombras, estamos reconociendo que son una parte de nosotros. Esto puede ser un primer paso crucial hacia la aceptación de nosotros mismos en nuestra totalidad. En lugar de rechazar estas partes de nosotros mismos, podemos aprender a aceptarlas y a integrarlas en nuestro sentido del yo. Esto no significa que debamos disfrutar o estar de acuerdo con estas partes de nosotros mismos, sino simplemente que las reconozcamos como parte de nuestra experiencia humana.

Al enfrentar nuestras sombras, podemos aprender a comprenderlas y, finalmente, a cambiarlas. Al explorar nuestros miedos e inseguridades, podemos empezar a entender de dónde vienen y cómo nos afectan. Esto puede proporcionarnos una perspectiva valiosa y la oportunidad de cambiar nuestros patrones de pensamiento y comportamiento. Por ejemplo, podemos aprender a desafiar nuestros miedos irracionales o a buscar ayuda para superar nuestros traumas pasados.

También puede ser útil buscar el apoyo de un terapeuta u otro profesional de la salud mental durante este proceso. Ellos pueden proporcionar herramientas y estrategias para ayudarte a navegar por este trabajo de la sombra de una manera saludable y segura.

Enfrentar nuestras sombras es un acto de valentía y autocompasión. Requiere que miremos con honestidad y coraje a las partes más oscuras de nosotros mismos, pero también nos permite crecer, sanar y convertirnos en versiones más completas y auténticas de nosotros mismos. Puede ser un viaje difícil, pero también es uno que puede llevar a una mayor autocomprensión, autenticidad y paz interior.

En este proceso de autoconciencia, aprendemos a establecer una comunicación interna sólida. Escuchar nuestra voz interna nos guía en la toma de decisiones y nos ayuda a vivir de manera más auténtica. La conexión con uno mismo nos lleva a descubrir nuestras pasiones y talentos únicos. Estos dones personales nos permiten vivir una vida más plena y satisfactoria. La conexión con uno mismo nos ayuda a encontrar un mayor sentido de propósito. Alineamos nuestras acciones con lo que es auténtico para nosotros, lo que nos brinda una sensación de realización y significado.

Este viaje de conexión con uno mismo es continuo y nunca termina. A medida que evolucionamos, nuestras respuestas a la pregunta "¿Quién eres realmente?" pueden cambiar. Es un viaje que nos lleva a un entendimiento más profundo y a una conexión más auténtica con nuestra propia identidad, permitiéndonos vivir de manera más consciente y satisfactoria.

La autoconsciencia es esencial para el viaje interno. Es nuestra brújula interna, guiándonos a través del laberinto de nuestras emociones, pensamientos y comportamientos. Nos permite entender quiénes somos, cómo reaccionamos a ciertas situaciones y cómo nuestras acciones afectan a los demás.

El desarrollo de la autoconsciencia no es una tarea sencilla. Requiere paciencia, honestidad y valentía. Necesitamos la paciencia para observar nuestras emociones y pensamientos sin juicio. Necesitamos la honestidad para admitir nuestras debilidades y errores. Y necesitamos la valentía para confrontar nuestras sombras internas y sanar nuestras viejas heridas.

Hay muchas formas de desarrollar la autoconsciencia. La meditación y la atención plena son dos de las más efectivas. Ambas prácticas nos permiten sintonizar con nuestro mundo interior, observando nuestras emociones y pensamientos sin reaccionar a ellos. A través de estas prácticas, podemos aprender a identificar nuestros patrones de pensamiento, a gestionar nuestras emociones y a tomar decisiones más conscientes y saludables.

La autoconciencia nos permite realizar una introspección profunda y sincera. A través de la autoevaluación, somos capaces de examinar nuestras emociones, pensamientos, deseos y comportamientos con un enfoque objetivo. Esto nos brinda la capacidad de identificar nuestras fortalezas y debilidades, y comprender cómo nuestras acciones y elecciones influyen en nuestra vida y en nuestras relaciones con los demás.

Al ser conscientes de nuestros patrones de pensamiento y comportamiento, podemos identificar las creencias limitantes, las respuestas automáticas y los hábitos perjudiciales que puedan estar obstaculizando nuestro crecimiento personal. La autoconciencia nos permite reconocer estos patrones y, a partir de ahí, tomar medidas para cambiarlos.

La autoconciencia también está estrechamente relacionada con la gestión de las emociones. Al ser conscientes de nuestras emociones y de lo que las desencadena, podemos desarrollar una mayor inteligencia emocional. Esta habilidad nos permite regular nuestras emociones de manera más efectiva, lo que es esencial para el bienestar emocional y el crecimiento personal.

En el viaje interno, la autoconciencia nos capacita para comprender cómo nuestras experiencias pasadas y nuestras heridas emocionales pueden influir en nuestras decisiones y relaciones actuales. Al explorar estas conexiones, podemos sanar heridas emocionales y avanzar con mayor claridad y comprensión.

La autoconciencia también nutre la autoaceptación. Al reconocer y aceptar todas las partes de nosotros mismos, incluyendo nuestras imperfecciones y sombras, experimentamos una mayor coherencia y autenticidad en nuestra vida. La autoaceptación es un pilar fundamental del crecimiento personal.

El autoconocimiento

En este proceso, nos adentramos en las profundidades de nuestra propia psicología y nos enfrentamos a la pregunta fundamental: ¿Quiénes soy realmente?

A través del autoconocimiento, reconocemos nuestras fortalezas, talentos y habilidades, lo que nos permite capitalizarlos y desarrollarlos aún más. Al mismo tiempo, identificamos nuestras debilidades y áreas de mejora, lo que nos brinda la oportunidad de trabajar en ellas y crecer.

El autoconocimiento nos ayuda a comprender nuestras motivaciones subyacentes. A menudo, nuestras acciones están impulsadas por deseos y necesidades profundas que pueden no ser evidentes a simple vista. Al descubrir estas motivaciones, ganamos claridad sobre por qué hacemos lo que hacemos.

En este proceso, identificamos patrones recurrentes de pensamiento y comportamiento. Algunos de estos patrones pueden ser beneficiosos, mientras que otros pueden ser perjudiciales. Reconocer estos patrones nos brinda la capacidad de cambiar los que no nos sirven.

El autoconocimiento implica ser conscientes de nuestras emociones y cómo estas influyen en nuestras acciones y decisiones. Al aprender a identificar y gestionar nuestras emociones de manera saludable, mejoramos nuestra inteligencia emocional.

A través de la autoexploración, descubrimos nuestras creencias y valores fundamentales. Esto es esencial, ya que nuestras creencias y valores influyen en nuestras decisiones y en la forma en que vivimos nuestras vidas. Al alinear nuestras acciones con nuestros valores, experimentamos una mayor autenticidad y satisfacción.

En el autoconocimiento, también enfrentamos nuestras sombras. A través de este proceso, podemos abrazar estas sombras y trabajar en áreas de mejora. El autoconocimiento promueve la autoaceptación, lo que significa aceptar todas las partes de nosotros mismos, incluyendo nuestras imperfecciones.

La **autoconciencia** se refiere a la capacidad de estar consciente de tus propios pensamientos, emociones y acciones en el momento presente. Es la atención consciente que prestas a lo que está ocurriendo en tu interior en un momento dado.

El **autoconocimiento** implica un entendimiento más profundo y a lo largo del tiempo de quién eres, tus valores, creencias, fortalezas, debilidades y motivaciones. Es un proceso que implica la reflexión y la exploración de tu identidad y tu psicología en un nivel más amplio.

Conexión entre el mundo exterior e interior

Nuestra experiencia cotidiana está profundamente influenciada por la forma en que percibimos y procesamos el mundo que nos rodea, lo que, a su vez, afecta nuestra comprensión de nosotros mismos. Nuestra percepción del mundo exterior a menudo refleja nuestra realidad interna. Las creencias, los valores y las emociones que albergamos dentro de nosotros influyen en cómo interpretamos y respondemos a los eventos y las personas en nuestro entorno. Por ejemplo, si tenemos una autoimagen negativa, es probable que veamos críticas en los comentarios de los demás, incluso si no son intencionadas.

Nuestras relaciones con los demás son un vínculo crucial entre el mundo interior y exterior. La forma en que nos relacionamos con los demás y cómo nos perciben a menudo está influenciada por nuestra autoconciencia y la forma en que expresamos nuestras emociones. La empatía y la comprensión hacia los demás, así como la capacidad de comunicar nuestras propias necesidades y deseos, son fundamentales en esta interacción. La interacción con el mundo exterior es una fuente de aprendizaje y crecimiento. A medida que experimentamos situaciones, desafíos y relaciones, ganamos conocimiento sobre nosotros mismos y nuestras respuestas emocionales. Esto, a su vez, nos brinda la oportunidad de crecer y evolucionar.

Nuestras experiencias en el mundo exterior pueden tener un impacto profundo en nuestra psicología y bienestar emocional. Eventos significativos, traumas o triunfos personales pueden influir en nuestra autoestima, nuestras creencias y nuestra salud mental. La conexión entre el mundo exterior y el mundo interior es evidente cuando consideramos cómo estas experiencias afectan nuestro estado emocional y nuestra percepción de nosotros mismos.

En el viaje interno, buscamos lograr un equilibrio y una armonía entre nuestro mundo interior y exterior. Esto implica vivir de acuerdo con nuestros valores y ser fieles a nuestra verdadera esencia en nuestras acciones y relaciones. Cuando esta conexión es sólida, experimentamos una mayor autenticidad y satisfacción en nuestras vidas.

Identificar las motivaciones detrás del viaje interno es esencial para comprender por qué decidimos emprender este viaje. A menudo, nuestras motivaciones son multifacéticas y pueden variar de una persona a otra, pero hay algunos motivos comunes que impulsan a las personas a embarcarse en esta travesía interior:

→ Muchos individuos sienten una profunda necesidad de vivir de manera auténtica y alineada con su verdadera esencia. Esta búsqueda de autenticidad puede surgir de sentirse atrapado en roles o expectativas sociales que no reflejan quiénes son realmente.

→ Experiencias de desafío, trauma o crisis pueden ser un catalizador para el viaje interno. La necesidad de comprender y sanar las heridas emocionales puede motivar a las personas a buscar respuestas dentro de sí mismas.

→ La aspiración al crecimiento y al desarrollo personal es una motivación poderosa para emprender el viaje interno. Las personas que se sienten atraídas por el aprendizaje y la expansión buscan constantemente oportunidades para evolucionar como individuos.

→ En ocasiones, el viaje interno se inicia en busca de un mayor sentido de propósito en la vida. La exploración de pasiones, intereses y valores puede llevar a la identificación de un propósito más profundo que guía las acciones y decisiones.

➔ Algunas personas se embarcan en el viaje interno para mejorar sus relaciones con los demás. La comprensión de uno mismo puede ser la clave para establecer conexiones más significativas y saludables con amigos, familiares y parejas.

➔ La simple curiosidad por entender quiénes somos y por qué actuamos de ciertas maneras puede ser una motivación poderosa. Esta búsqueda de respuestas puede llevar a la autoexploración y el autoconocimiento.

➔ En un mundo agitado y estresante, muchas personas buscan la paz interior y la serenidad. El viaje interno proporciona herramientas y técnicas para gestionar el estrés y encontrar la calma interior.

➔ Para algunos, el viaje interno está ligado a la búsqueda de significado y trascendencia espiritual. Pueden explorar prácticas como la meditación, la contemplación o la conexión con una dimensión espiritual más profunda.

➔ Las personas a menudo se sienten motivadas a explorar su mundo interior para alinear sus acciones y decisiones con sus valores y ética personales.

Las motivaciones detrás del viaje interno son diversas y personales. Cualquiera que sea la motivación que nos impulsa, el viaje interno ofrece un camino enriquecedor hacia la comprensión de nosotros mismos y la realización personal.

Metas y objetivos personales

Establecer metas y objetivos personales desempeña un papel fundamental en el viaje interno . Estas metas proporcionan dirección, propósito y motivación a medida que exploramos nuestro interior y buscamos una vida más significativa.

Las metas personales actúan como faros que iluminan nuestro camino en el viaje interno. Proporcionan claridad y enfoque al ayudarnos a definir lo que deseamos lograr y experimentar en nuestra vida. Esto nos permite tomar decisiones más alineadas con nuestros valores y aspiraciones.

Las metas personales nos brindan un sentido de motivación y dirección. Nos inspiran a tomar medidas concretas y a superar obstáculos, ya que tenemos un propósito claro en mente. Sin metas, el viaje interno podría carecer de impulso y dirección. Establecer metas personales implica una autoevaluación honesta. Nos lleva a reflexionar sobre quiénes somos, lo que valoramos y hacia dónde queremos dirigir nuestra vida. Este proceso de reflexión y autorreflexión es esencial en el viaje interno.

Las metas personales nos impulsan a crear planes de acción concretos. Al descomponer grandes objetivos en pasos más pequeños y manejables, podemos avanzar de manera más efectiva en nuestro viaje interno.

En el camino del viaje interno, nos encontraremos con obstáculos y desafíos. Las metas personales actúan como recordatorios de nuestro compromiso y nos ayudan a superar estos obstáculos con resiliencia y determinación. Establecer metas nos permite medir el progreso en nuestro viaje interno. Esta medición nos brinda un sentido de logro a medida que avanzamos hacia nuestras metas, lo que puede aumentar nuestra autoestima y confianza.

Las metas personales pueden ser diseñadas para reflejar nuestros valores y autenticidad. Esto significa que nuestras acciones y esfuerzos están en sintonía con lo que consideramos importante y valioso. Al alcanzar las metas personales que establecemos experimentamos un sentimiento de realización personal. Esto refuerza nuestra autoestima y proporciona un mayor sentido de propósito y logro.

Explorando las emociones y los sentimientos

La gama de emociones humanas es vasta y compleja. Los seres humanos experimentan una amplia variedad de emociones a lo largo de sus vidas, y estas emociones desempeñan un papel crucial en la forma en que experimentamos y respondemos al mundo que nos rodea.

Estas son solo algunas de las muchas emociones que los seres humanos pueden experimentar. La gama de emociones es rica y variada, y cada emoción desempeña un papel importante en nuestra vida, influenciando nuestras acciones, decisiones y relaciones. Reconocer y comprender nuestras emociones es fundamental en el viaje interno hacia el autodescubrimiento y el crecimiento personal

Aburrimiento: El aburrimiento es una emoción negativa que surge cuando no tenemos actividades interesantes o desafiantes para ocupar nuestro tiempo. A menudo nos lleva a buscar estimulación y actividades más gratificantes.

Alegría: La alegría es una emoción positiva que experimentamos cuando nos sentimos felices, contentos o satisfechos. Puede ser el resultado de eventos alegres, logros personales o simplemente disfrutar de la vida.

Amor: El amor es una emoción profunda y compleja que puede manifestarse de muchas maneras, como el amor romántico, el amor por la familia o el amor por los amigos. Es una emoción que promueve conexiones y relaciones significativas.

Ansiedad: La ansiedad es una emoción negativa que surge cuando nos sentimos preocupados, nerviosos o tensos ante situaciones inciertas o amenazantes.

Aprecio: El aprecio es una emoción positiva que experimentamos cuando sentimos gratitud o reconocimiento por algo o alguien. Puede ser el resultado de reconocer la bondad de otros o de valorar las pequeñas cosas de la vida.

Asco: El asco es una emoción que surge en respuesta a algo desagradable o repulsivo. Tiene la función de proteger al individuo de posibles amenazas para la salud.

Confusión: La confusión es una emoción que experimentamos cuando nos encontramos en situaciones que no entendemos completamente. Puede surgir al enfrentar un idioma desconocido, recibir instrucciones poco claras o encontrarnos en una situación inesperada. La confusión a menudo nos impulsa a buscar respuestas y comprender mejor lo que está sucediendo.

Culpa: La culpa es una emoción que surge cuando percibimos que hemos hecho algo incorrecto o hemos causado daño a otros. Puede ser una señal para corregir nuestros errores y enmendar relaciones.

Curiosidad: La curiosidad es una emoción positiva que surge cuando nos sentimos intrigados o interesados en aprender más sobre algo. Esta emoción nos impulsa a explorar y descubrir.

Desaliento: El desaliento es una emoción negativa que surge cuando nos sentimos desmotivados, desanimados o derrotados. Puede ser una señal de que necesitamos encontrar nuevas formas de abordar los desafíos.

Deseo: El deseo es una emoción positiva que experimentamos cuando anhelamos algo o alguien. Puede ser una fuente de motivación y pasión en nuestras vidas.

Envidia: La envidia es una emoción que surge cuando deseamos lo que otros tienen. Puede ser una oportunidad para reflexionar sobre nuestras propias metas y deseos.

Entusiasmo: El entusiasmo es una emoción positiva que surge cuando anticipamos algo emocionante o inspirador. Puede manifestarse cuando estamos a punto de comenzar un nuevo proyecto, asistir a un evento que esperamos con ansias o cuando estamos emocionados por algo en particular. El entusiasmo nos llena de energía y anticipación.

Esperanza: La esperanza es una emoción positiva que experimentamos cuando creemos que algo bueno está por suceder. Puede ser una poderosa fuerza impulsora en nuestras vidas, ya que nos llena de optimismo y confianza en el futuro.

Felicidad: La felicidad es una emoción positiva que experimentamos cuando nos sentimos contentos, alegres o satisfechos. Puede ser causada por eventos agradables, logros personales o simplemente por disfrutar de la vida.

Frustración: La frustración es una emoción que surge cuando nos enfrentamos a obstáculos, problemas no resueltos o situaciones que no salen como esperábamos. Esta emoción puede ser desafiante, ya que a menudo nos lleva a sentir impotencia y enojo. Sin embargo, también puede ser una señal para buscar soluciones y aprender a lidiar con la adversidad.

Inseguridad: La inseguridad es una emoción que experimentamos cuando nos sentimos dudosos o inseguros acerca de nuestras habilidades, apariencia o valor. Puede surgir en situaciones como hablar en público, enfrentar una entrevista de trabajo o al iniciar una nueva relación. La inseguridad a menudo refleja la necesidad de construir confianza en uno mismo.

Ira: La ira es una emoción intensa que surge en respuesta a la frustración, la injusticia o la provocación. Puede impulsar acciones enérgicas o expresiones de desacuerdo.

Miedo: El miedo es una emoción que surge en situaciones de peligro o amenaza. Nos alerta y nos prepara para enfrentar o evitar la situación que percibimos como amenazante.

Necesidad: La necesidad es una emoción que surge cuando experimentamos carencias básicas, como hambre, sed o sueño. Esta emoción nos motiva a satisfacer nuestras necesidades físicas para mantener nuestro bienestar.

Orgullo: El orgullo es una emoción positiva que experimentamos cuando hemos logrado algo importante, ayudado a alguien o recibido el reconocimiento de nuestros logros. Puede ser una emoción poderosa que nos impulsa a seguir trabajando hacia nuestras metas.

Preocupación: La preocupación es una emoción que surge cuando nos inquietamos por eventos futuros, como esperar los resultados de un examen, tomar decisiones importantes o cuando alguien cercano está enfermo. Puede llevarnos a planificar y tomar medidas para abordar nuestras preocupaciones.

Relajación: La relajación es una emoción de calma y bienestar que experimentamos cuando estamos descansando, en un entorno tranquilo o cuando participamos en actividades que nos brindan placer y comodidad. Puede ser una emoción reconfortante y restauradora.

Sorpresa: La sorpresa es una emoción que experimentamos cuando algo inesperado ocurre. Puede ser positiva o negativa y suele desencadenar una respuesta de asombro o desconcierto.

Tristeza: La tristeza es una emoción que surge en respuesta a la pérdida, la decepción o la soledad. Es una emoción importante que nos permite procesar y superar experiencias dolorosas.

Vergüenza: La vergüenza es una emoción relacionada con la evaluación negativa de uno mismo en respuesta a una acción o situación que percibimos como inapropiada. Puede llevar a la autorreflexión y al aprendizaje.

La influencia de la mente y las emociones es profunda y omnipresente en la vida de los seres humanos. Estas dos fuerzas internas son interdependientes y juegan un papel esencial en la forma en que experimentamos el mundo y tomamos decisiones.

Nuestra mente y emociones influyen en la percepción que tenemos del mundo que nos rodea. Los filtros emocionales y cognitivos que aplicamos a nuestras experiencias pueden dar forma a cómo interpretamos y reaccionamos a eventos y situaciones.Tanto la mente como las emociones influyen en nuestras decisiones. Nuestra mente procesa información racional y lógica, mientras que nuestras emociones aportan un componente subjetivo. Las decisiones suelen ser el resultado de un equilibrio entre el pensamiento lógico y la influencia emocional.

La mente y las emociones juegan un papel clave en nuestra respuesta al estrés. Las emociones como el miedo y la ansiedad pueden activar respuestas fisiológicas y mentales de lucha o huida. La mente, a través de la autoconciencia y la autorregulación, puede influir en cómo gestionamos el estrés.

Las emociones pueden tener un impacto significativo en la salud mental. La depresión, la ansiedad y otros trastornos emocionales pueden ser el resultado de desequilibrios en las emociones. La mente, a través de la terapia y la introspección, puede desempeñar un papel crucial en el tratamiento y la gestión de estos trastornos.

La mente puede influir en nuestro bienestar emocional a través de prácticas como la meditación, la atención plena y la reestructuración cognitiva. Estas prácticas pueden ayudarnos a comprender y regular nuestras emociones, promoviendo un mayor equilibrio emocional.

Tanto la mente como las emociones son fundamentales en las relaciones interpersonales. La empatía, la comunicación efectiva y la resolución de conflictos dependen de una comprensión profunda de las propias emociones y pensamientos, así como de la capacidad de comprender los de los demás. La mente y las emociones también influyen en la motivación y en la búsqueda de metas. Las emociones como la pasión y la determinación pueden impulsar la búsqueda de objetivos, mientras que la mente puede establecer planes y estrategias para alcanzarlos.

La mente y las emociones son fuerzas inseparables que influyen en todos los aspectos de la vida humana. La comprensión y gestión de estas fuerzas son cruciales en el viaje interno. La integración equilibrada de la mente y las emociones puede llevar a una vida más satisfactoria y auténtica. Nuestras emociones son una parte fundamental de quiénes somos y tienen un impacto significativo en nuestra calidad de vida.

La exploración de las emociones nos lleva a un mayor autoconocimiento. Al prestar atención a lo que sentimos y por qué lo sentimos, podemos comprender mejor nuestros patrones emocionales y cómo influyen en nuestras acciones y decisiones. Conocer y aceptar nuestras emociones nos permite ser auténticos. No hay emociones "incorrectas" o "inadecuadas". Aceptar nuestras emociones nos empodera para vivir de manera coherente con nuestros verdaderos sentimientos y valores.

A menudo, experimentamos conflictos internos entre nuestras emociones. La exploración profunda nos ayuda a reconciliar estos conflictos y a tomar decisiones alineadas con nuestras necesidades y deseos reales. Podemos identificar las fuentes de estrés, aprender a afrontarlo de manera saludable y encontrar formas de autoconsuelo.

La exploración de las emociones mejora nuestras relaciones interpersonales. Al comprender y expresar nuestras emociones de manera abierta y respetuosa, fomentamos la comunicación efectiva y la conexión más profunda con los demás.

La exploración de las emociones nos ayuda a desarrollar resiliencia emocional. Aprendemos a lidiar con las adversidades y a recuperarnos de los desafíos con mayor rapidez y fortaleza. Enfrentar y explorar nuestras emociones a menudo implica liberar aquellas que hemos reprimido. Esto puede ser una experiencia liberadora que lleva a una mayor paz interior y una sensación de alivio.

A través de la exploración de las emociones, experimentamos un crecimiento continuo. Nos desafiamos a nosotros mismos a enfrentar miedos, superar obstáculos emocionales y convertirnos en versiones más plenas y auténticas de nosotros mismos. La exploración de las emociones aporta una sensación de plenitud y satisfacción. A medida que aprendemos a abrazar todas nuestras emociones y vivir de manera auténtica, encontramos un mayor sentido de realización y felicidad en la vida.

Las emociones son una parte inherente de la experiencia humana, y saber cómo interactuar con ellas de manera saludable y constructiva es esencial. Aquí se explorarán algunos aspectos clave de este proceso:

El primer paso para procesar y comprender las emociones es desarrollar la autoconciencia emocional. Esto implica reconocer y etiquetar las emociones que experimentamos. Pregúntate a ti mismo: "¿Qué emoción estoy sintiendo en este momento?". La autoconciencia es esencial para empezar a comprender las razones detrás de tus emociones.

Una vez que identificas una emoción, es importante indagar en las causas subyacentes. ¿Qué desencadenó esta emoción? ¿Tiene raíces en experiencias pasadas, pensamientos o situaciones actuales? La exploración de las causas te ayuda a comprender por qué te sientes de cierta manera.

Es importante entender que todas las emociones son válidas. No existe una emoción "correcta" o "incorrecta". Cada emoción tiene un propósito y una función. Validar tus propias emociones te permite aceptarlas sin juzgarlas y sin sentirte culpable por sentirlas.

Compartir tus emociones de manera efectiva con otros es parte integral del proceso. La comunicación emocional abierta y honesta fortalece las relaciones y promueve una mayor comprensión mutua. Expresar tus emociones de manera respetuosa y no confrontativa es clave.

En ocasiones, las emociones pueden ser abrumadoras o difíciles de comprender por uno mismo. En estos casos, buscar apoyo de un profesional de la salud mental, como un terapeuta, puede ser beneficioso. Un terapeuta puede proporcionar orientación y estrategias específicas para el procesamiento emocional.

Las emociones reprimidas o mal gestionadas pueden actuar como un peso que limita nuestro progreso y bienestar. Las emociones reprimidas a menudo actúan como obstáculos internos. Al permitirnos sentir y liberar estas emociones, eliminamos barreras que podrían haber estado frenando nuestro crecimiento personal. La liberación emocional nos libera de patrones negativos y nos permite avanzar con mayor claridad y determinación.

La liberación emocional facilita el procesamiento de experiencias pasadas y la sanación de heridas emocionales. Al expresar y liberar emociones reprimidas, podemos abordar traumas o situaciones dolorosas de manera saludable, lo que contribuye a la curación y al bienestar emocional. La liberación emocional alivia la carga emocional que a menudo nubla la mente. Esto conduce a una mayor claridad mental y la capacidad de tomar decisiones más informadas y alineadas con nuestros valores y metas.

La acumulación de emociones reprimidas puede contribuir al estrés crónico. Al liberar estas emociones, reducimos la carga de estrés en nuestro cuerpo y mente. Esto conduce a una mayor relajación y bienestar. La liberación emocional también tiene un impacto positivo en las relaciones interpersonales. Cuando expresamos nuestras emociones de manera saludable, mejoramos la comunicación con los demás y fomentamos una mayor empatía y comprensión mutua.

Al liberar emociones reprimidas, ganamos una mayor alineación con nuestros objetivos y valores. Las emociones reprimidas a menudo actúan como un obstáculo para alcanzar metas personales. La liberación emocional nos permite vivir de acuerdo con lo que consideramos importante y puede ser empoderante. Al enfrentar y liberar emociones, demostramos fortaleza y resiliencia. Este empoderamiento nos brinda confianza para abordar desafíos y cambios en la vida.

El poder de la introspección

La introspección se refiere a la práctica de mirar hacia adentro, de explorar conscientemente nuestros pensamientos, emociones, experiencias y valores. Al dedicar tiempo a examinar nuestros pensamientos y emociones, podemos comprender quiénes somos realmente, qué nos motiva y cuáles son nuestros valores fundamentales. Este autoconocimiento es esencial para tomar decisiones alineadas con nuestra verdadera esencia.

La introspección nos permite abordar los desafíos de manera más efectiva. Al examinar a fondo un problema o situación, podemos identificar posibles soluciones y estrategias. La introspección también nos ayuda a tomar decisiones informadas y a desarrollar un pensamiento crítico.

La introspección promueve la autoaceptación y la autoempatía. Al explorar nuestras imperfecciones y debilidades, aprendemos a aceptarnos tal como somos. Esto reduce la autoexigencia y la autocrítica excesiva, promoviendo la confianza en uno mismo y la paz interior.

La introspección mejora la comunicación con los demás. Al comprender mejor nuestros propios pensamientos y emociones, desarrollamos una mayor empatía y habilidades para la escucha activa. Esto fortalece las relaciones interpersonales y facilita la resolución de conflictos.

La introspección es fundamental para el control emocional. Nos permite reconocer y regular nuestras emociones, lo que es esencial en situaciones estresantes o desafiantes. Al entender la causa de nuestras emociones, podemos gestionarlas de manera más efectiva.

Cuando comprendemos nuestras prioridades y lo que realmente nos importa, nuestras elecciones son más congruentes con nuestra verdadera esencia. Al conectar con nuestro mundo interior, descubrimos nuestra voz creativa y la expresamos de manera única. Esto puede llevar a la innovación y la autenticidad en nuestras acciones y expresiones.

Creencias y valores

Estas convicciones personales y principios éticos actúan como una brújula que guía nuestras acciones, decisiones y percepciones en la vida. Nuestras creencias y valores proporcionan orientación y dirección en la vida. Establecen un marco ético que influye en las decisiones que tomamos y en cómo nos comportamos en diversas situaciones. Al alinear nuestras acciones con nuestros valores, avanzamos en una dirección que es coherente con nuestra identidad y propósito.

Reflexionar sobre nuestras creencias y valores nos lleva al autoconocimiento. Examinar por qué creemos en ciertas cosas y qué es importante para nosotros profundiza en nuestra comprensión de quiénes somos. Nuestras creencias y valores influyen en las decisiones que tomamos en la vida. A menudo, las decisiones que alinean con nuestros valores personales son las que nos brindan una mayor satisfacción y sentido de logro.

Vivir de acuerdo con nuestras creencias y valores promueve la coherencia y la autenticidad. Cuando nuestras acciones y elecciones reflejan lo que valoramos, nos sentimos más auténticos y congruentes con nosotros mismos. Las creencias y valores sólidos actúan como un sistema de apoyo en momentos de adversidad. Nos proporcionan un marco que nos ayuda a sobrellevar desafíos y superar obstáculos. La resiliencia emocional se nutre de la fortaleza que proviene de la alineación con nuestras convicciones más profundas.

Nuestros valores y creencias pueden evolucionar con el tiempo. A medida que exploramos y cuestionamos nuestras creencias, nos abrimos a nuevas perspectivas . Esta evolución puede enriquecer nuestro viaje interno.

Nuestras creencias y valores también influyen en nuestras relaciones interpersonales. Al compartir valores similares con otros, fortalecemos la conexión y la comprensión mutua. Además, pueden ayudarnos a establecer límites y expectativas saludables en nuestras relaciones.

Nuestras creencias y valores a menudo están intrínsecamente ligados a nuestro sentido de propósito en la vida. Cuando vivimos en coherencia con lo que consideramos importante, experimentamos un mayor sentido de propósito y significado en nuestras acciones y relaciones.

Herramientas para el viaje interno

Antes de emprender el viaje interno, es útil armarse con una serie de herramientas que pueden ayudar en el camino. Estas herramientas pueden tomar muchas formas, desde libros y cursos sobre desarrollo personal, hasta prácticas de meditación y atención plena.

El viaje interno es un viaje personal que cada uno de nosotros debe emprender a su propio ritmo. Cada uno de nosotros tiene su propia brújula interna que puede guiarnos en nuestro camino hacia el autoconocimiento. Tener las herramientas y el apoyo adecuado puede hacer que este viaje sea un poco más fácil y mucho más enriquecedor.

La **meditación** y el **mindfulness** son ambas poderosas herramientas en el viaje interno, ya que facilitan la conexión con el yo interior y promueven el autodescubrimiento. Estas prácticas se centran en la atención plena y la consciencia de uno mismo, permitiendo explorar los pensamientos, emociones y sensaciones de manera profunda. A continuación, se describen estas herramientas y cómo contribuyen al viaje interior:

Meditación

La meditación es una práctica que implica la concentración y la atención enfocada en un objeto, pensamiento o experiencia, con el propósito de calmar la mente y explorar el interior.

Algunos aspectos clave de la meditación en el viaje interno son:

Autoobservación

La meditación fomenta la autoobservación. A través de la meditación, se puede observar la mente en acción, identificando patrones de pensamiento y emociones recurrentes.

Gestión del estrés

La meditación es una herramienta eficaz para la gestión del estrés, lo que contribuye a un viaje interno más tranquilo y equilibrado. Al calmar la mente, se reduce la respuesta al estrés y se promueve la claridad mental.

Exploración de emociones

Durante la meditación, se pueden explorar las emociones sin juzgar. Esto permite identificar emociones reprimidas o mal gestionadas y, finalmente, liberarlas.

Desarrollo de la autorreflexión

La meditación promueve la autorreflexión profunda. Al observar los pensamientos y emociones sin identificarse con ellos, se puede desarrollar una mayor comprensión de uno mismo.

Mindfulness

El mindfulness, o atención plena, se centra en estar consciente y plenamente presente en el momento actual. Esta práctica se enfoca en aceptar las experiencias sin juicio y prestar atención a los detalles. Aspectos destacados del mindfulness en el viaje interno incluyen:

Autoconciencia

El mindfulness fomenta la autoconciencia. Al prestar atención al presente, se toma consciencia de las experiencias internas, como pensamientos, emociones y sensaciones físicas. Esta autoconciencia es esencial para el autodescubrimiento.

Gestión emocional

El mindfulness enseña a observar las emociones sin reaccionar impulsivamente. Esto permite gestionar las emociones de manera más efectiva y comprender su origen.

Reducción del juicio

Al practicar la aceptación sin juicio, el mindfulness reduce la autoevaluación crítica. Esto promueve la autoaceptación y la comprensión compasiva de uno mismo.

Enfoque en valores

El mindfulness ayuda a mantener el enfoque en los valores y metas personales. Al estar plenamente presente en cada momento, se pueden tomar decisiones más alineadas con lo que realmente importa.

Aumento de la resiliencia

El mindfulness promueve la resiliencia emocional. Al estar presente en momentos de adversidad, se fortalece la capacidad de afrontar desafíos y aprender de ellos.

Tanto la **meditación** como el **mindfulness** son herramientas poderosas para conectar con el yo interior, explorar la mente y las emociones, y promover el viaje interno. Estas prácticas requieren paciencia y dedicación, pero los beneficios son profundos y duraderos.

Prácticas comunes de meditación y mindfulness

La meditación y el mindfulness son dos prácticas relacionadas pero diferentes en el ámbito de la atención plena y la conciencia.

Meditación: La meditación es una técnica en la que te concentras de manera profunda en un objeto, pensamiento o sensación específica para lograr un estado de calma y claridad mental. Puede incluir diversas modalidades, como la meditación zen, la meditación transcendental o la meditación enfocada en la respiración. La meditación a menudo implica una inmersión profunda en un solo punto de enfoque.

Mindfulness: El mindfulness, por otro lado, se centra en la conciencia presente y abierta hacia todo lo que ocurre en el momento actual sin juzgarlo. Se trata de ser consciente de tus pensamientos, emociones, sensaciones corporales y el entorno sin apegarte a ellos ni criticarlos. El mindfulness se puede practicar en cualquier momento, no necesariamente en una sesión formal, y se trata de ser consciente en la vida cotidiana.

La meditación es una práctica más enfocada que implica una inmersión profunda en un objeto de atención, mientras que el mindfulness se enfoca en la atención plena y abierta hacia todo lo que sucede en el momento presente sin un enfoque específico. Estas técnicas ofrecen un espacio para la reflexión, la autoexploración y la tranquilidad mental. Aquí se describen algunas prácticas comunes de meditación y mindfulness:

Meditación de atención plena (Mindfulness)

La meditación de atención plena, o mindfulness, se enfoca en estar presente en el momento actual y aceptar las experiencias sin juicio. Algunas prácticas incluyen:

Meditación de respiración: Se presta atención a la respiración, observando cómo entra y sale el aire. Cuando la mente divaga, se redirige suavemente la atención a la respiración.

Meditación corporal: Se explora la sensación en diferentes partes del cuerpo, cultivando la conciencia corporal y liberando la tensión.

Meditación caminando: Se camina lentamente, prestando atención a cada paso y sensación del cuerpo mientras se avanza. Esta práctica se puede hacer en la naturaleza para una experiencia más enriquecedora.

Escaneo corporal: Se recorre mentalmente el cuerpo desde la cabeza hasta los pies, prestando atención a las sensaciones y tensiones en cada parte.

Meditación de escucha: Se enfoca en escuchar sonidos ambientales, sin juzgar ni etiquetar. Esta práctica desarrolla la capacidad de estar presente.

Meditación de amor y bondad (Loving-Kindness): Esta meditación se centra en cultivar sentimientos de amor, compasión y amabilidad hacia uno mismo y los demás. Se repiten frases positivas, como "Que esté seguro, que esté feliz, que esté sano, que viva con facilidad", mientras se dirigen hacia uno mismo y luego hacia otras personas.

Meditación de visualización: En esta práctica, se imagina un lugar tranquilo y relajante o se visualiza un objetivo deseado con detalles vívidos. La visualización ayuda a reducir el estrés y aclarar metas personales.

Meditación enfocada en la respiración: Se concentra en la respiración, siguiendo la inhalación y la exhalación. Si la mente divaga, se regresa suavemente a la respiración. Esta práctica mejora la concentración y la atención.

Meditación Zen (Zazen): Es una meditación en silencio, con una postura erguida. Se observan los pensamientos y se permiten que fluyan sin apegarse a ellos. Zazen fomenta la calma y la claridad.

Técnicas de respiración consciente: Estas técnicas incluyen la respiración profunda, la respiración abdominal y la respiración diafragmática. Ayudan a calmar la mente y reducir el estrés.

Meditación guiada: Se sigue la voz de un guía que dirige la meditación, ofreciendo instrucciones y visualizaciones. Estas meditaciones son útiles para principiantes.

Meditación con mantras: Se repite un mantra (una palabra o frase) en silencio o en voz alta. La repetición del mantra ayuda a calmar la mente y a mantener la concentración.

Estas prácticas pueden adaptarse a las preferencias y necesidades de cada individuo. La regularidad en la práctica es fundamental para cosechar sus beneficios. Estas prácticas ofrecen beneficios significativos para la salud mental, emocional y espiritual. Aquí se exploran cómo incorporar la meditación y el mindfulness en la rutina diaria:

Meditación Diaria

Establecer un horario fijo: Reservar un momento específico del día para la meditación, como al despertar o antes de dormir, crea un hábito consistente.

Crear un espacio tranquilo: Designar un rincón tranquilo en el hogar para meditar ayuda a mantener la concentración y la serenidad. Puede ser un rincón con cojines, una silla cómoda o un espacio al aire libre.

Duración: Comenzar con sesiones cortas, de 5 a 10 minutos, y aumentar gradualmente el tiempo a medida que te sientas más cómodo. La consistencia es más importante que la duración.

Elegir una técnica: Experimentar con diferentes técnicas de meditación, como la meditación de atención plena, la meditación de amor y bondad o la meditación con mantras, para encontrar la que mejor se adapte a tus necesidades.

Atención a la respiración: La meditación enfocada en la respiración es una práctica diaria efectiva. Observa la inhalación y exhalación, y redirige suavemente la atención si la mente divaga.

Mindfulness en la Vida Diaria

Mindfulness en las actividades cotidianas: Practicar la atención plena durante actividades diarias, como comer, ducharse o caminar. Presta atención a los detalles y sensaciones de cada momento.

Técnicas de respiración: Utilizar la respiración consciente durante momentos de estrés o agitación. Respirar profundamente y conscientemente calma la mente y el cuerpo.

Aplicaciones de mindfulness: Utilizar aplicaciones de mindfulness que ofrecen ejercicios y recordatorios para mantener la atención plena a lo largo del día.

Pausas conscientes: Tomar pausas breves durante el día para hacer una pausa y practicar la atención plena. Puede ser tan simple como cerrar los ojos y enfocarse en la respiración durante unos minutos.

Diario de gratitud: Llevar un diario de gratitud, donde se escriban cosas por las que se está agradecido diariamente, fomenta la atención a las bendiciones de la vida.

Conexión con el entorno: Al pasear al aire libre, prestar atención a la naturaleza y los alrededores. Observar los detalles, los sonidos y las sensaciones en el momento presente.

Al hacer de estas prácticas un hábito, se promueve una mayor autoconciencia, una reducción del estrés y una mayor claridad mental en la vida cotidiana. Estas herramientas pueden ser utilizadas en cualquier momento para recuperar la calma y el equilibrio en medio de las demandas y el ajetreo moderno.

A continuación presentamos una variedad de enfoques para que encuentres aquellos que mejor se adapten a tu estilo y necesidades.

Ejercicio de respiración consciente

Este es un ejercicio básico y fundamental para la atención plena. La idea es concentrarse en la respiración, un proceso que siempre está sucediendo, pero que a menudo ignoramos.

1. Busca un lugar tranquilo y siéntate cómodamente. Puede ser en una silla o en el suelo, lo que prefieras. Mantén la espalda recta, pero sin tensiones.
2. Cierra los ojos y haz unas cuantas respiraciones profundas.
3. Comienza a prestar atención a tu respiración. No intentes controlarla ni cambiarla, simplemente obsérvala. Siente el aire que entra por tu nariz y cómo tus pulmones se llenan y se vacían.
4. Si tu mente comienza a vagar, lo que es completamente normal, simplemente reconoce que tus pensamientos se

han desviado y vuelve suavemente a centrarte en la respiración.
5. Continúa este proceso durante al menos 10 minutos. Con la práctica, puedes aumentar la duración del ejercicio.

Meditación de escaneo corporal

El escaneo corporal es otra práctica común de atención plena que implica prestar atención a diferentes partes del cuerpo.

1. Encuentra un lugar tranquilo y acuéstate en el suelo o en una cama. Si prefieres, también puedes hacerlo sentado.
2. Cierra los ojos y toma unos minutos para centrarte en tu respiración.
3. Comienza a llevar tu atención a las diferentes partes de tu cuerpo, empezando por los pies. Nota cualquier sensación que puedas tener, ya sea calor, frío, tensión, relajación, cosquilleo, etc.
4. Continúa moviendo tu atención por todo tu cuerpo, subiendo desde los pies hasta las piernas, el torso, los brazos, las manos, el cuello y finalmente la cabeza. Asegúrate de dedicar tiempo a cada parte del cuerpo, permitiéndote sentir completamente cualquier sensación que pueda surgir.
5. Si encuentras alguna zona de tensión o malestar, no intentes cambiarla o juzgarla. Simplemente reconoce la sensación y continúa.

6. Una vez que hayas terminado con el escaneo corporal, vuelve a centrarte en tu respiración durante unos minutos antes de abrir los ojos.

Ejercicio de atención plena durante la comida

Este ejercicio implica centrar toda tu atención en la experiencia de comer, algo que a menudo hacemos de manera automática.

1. Elige una comida o un refrigerio y siéntate en un lugar tranquilo.
2. Mira la comida que tienes delante. Observa los colores, las formas y las texturas. ¿Qué notas?
3. Huele la comida. Cierra los ojos y toma un momento para apreciar todos los aromas.
4. Ahora, toma un pequeño bocado, pero no te apresures a masticarlo. Nota la textura en tu boca, el sabor, la temperatura.
5. Cuando estés listo, comienza a masticar lentamente. Trata de resistir el impulso de tragar inmediatamente. Nota cómo cambian el sabor y la textura a medida que masticas.
6. Cuando tragues, trata de seguir el bocado mientras baja hasta tu estómago. Luego, toma un momento antes de tomar el siguiente bocado.
7. Continúa este proceso a lo largo de toda la comida, manteniendo tu atención centrada en las diversas sensaciones y sabores que experimentas.

Meditación en concentración:

Este tipo de meditación implica concentrarse en un único punto de referencia. Puede ser el seguimiento de la respiración, la repetición de un solo palabra o mantra, mirar la llama de una vela, escuchar un sonido repetitivo o contar los abalorios en un mala.

1. Elige tu punto de enfoque y encuentra un lugar tranquilo y cómodo para sentarte, preferiblemente donde no te vayas a distraer.
2. Cierra los ojos y toma algunas respiraciones profundas, permitiendo que tu cuerpo se relaje.
3. Comienza a enfocarte en tu objeto de concentración. Si eliges la respiración, nota cómo el aire entra y sale de tu cuerpo.
4. Si tu mente comienza a divagar, lo que es normal, simplemente nota dónde fue y vuelve suavemente a tu objeto de concentración.
5. Continúa este ejercicio durante 10 a 20 minutos, aumentando gradualmente el tiempo a medida que te sientas más cómodo con la práctica.

Meditación de conciencia plena

Esta forma de meditación es donde mantienes la conciencia plena de todos los pensamientos y sentimientos que fluyen a través de tu mente. No estás intentando deshacerte de los pensamientos o juzgarlos, simplemente observándolos.

1. Encuentra un lugar tranquilo para sentarte, cierra los ojos y respira profundamente.

2. En lugar de concentrarte en un solo objeto, presta atención a todo lo que experimentas, incluidos tus pensamientos, sonidos, olores, sensaciones físicas y emociones.
3. Permite que los pensamientos y sentimientos vengan y vayan sin juicio. No te aferres a ellos ni trates de cambiarlos.
4. Si te encuentras arrastrado por tus pensamientos, suavemente vuelve a la conciencia del momento presente.
5. Continúa este ejercicio durante unos 10 a 20 minutos.

Meditación de amor y bondad

Este tipo de meditación tiene como objetivo cultivar un sentimiento de amor y bondad hacia uno mismo y hacia los demás.

1. Encuentra un lugar tranquilo para sentarte, cierra los ojos y respira profundamente.
2. Comienza a concentrarte en generar un sentimiento de amor y bondad hacia ti mismo. Puedes hacer esto imaginando un momento en el que te sentiste completamente amado y seguro, o puedes repetir una frase como "que yo esté bien, que yo esté feliz, que yo esté en paz".
3. Una vez que hayas generado este sentimiento hacia ti mismo, comienza a extender este amor y bondad a los demás. Empieza con alguien a quien amas profundamente, luego a alguien neutral, después a alguien con quien tienes dificultades y finalmente a todas las personas en el mundo.

4. A medida que diriges estos sentimientos de amor y bondad hacia los demás, puedes repetir frases como "que estés bien, que estés feliz, que estés en paz".
5. Si tu mente se distrae o se llena de pensamientos negativos, vuelve suavemente al sentimiento de amor y bondad.
6. Continúa este ejercicio durante unos 10 a 20 minutos.

Cada uno de estos ejercicios de meditación puede proporcionar diferentes beneficios y todos pueden ser una parte útil de tu práctica de meditación

Reestructuración cognitiva

La reestructuración cognitiva es un enfoque terapéutico que implica identificar y cambiar pensamientos y creencias irracionales o negativos con el objetivo de promover un pensamiento más realista y positivo, lo que a su vez puede mejorar la salud mental y el bienestar emocional.

Aquí tienes algunos ejercicios de reestructuración cognitiva que pueden ayudar a cambiar patrones de pensamiento negativo:

Identificación de pensamientos automáticos: Este ejercicio implica llevar un diario de pensamientos automáticos durante el día. Cuando te encuentres pensando de manera negativa o irracional, anota el pensamiento. Luego, identifica el sesgo o la distorsión cognitiva en ese pensamiento (por ejemplo, el pensamiento catastrófico, la generalización excesiva, etc.). Finalmente, trabaja en la reestructuración de ese pensamiento, reemplazándolo por uno más realista y positivo.

Cuestionamiento socrático: Este enfoque implica cuestionar tus pensamientos negativos de manera sistemática. Puedes preguntarte: "¿Cuál es la evidencia que respalda este pensamiento?", "¿Existen otras interpretaciones posibles de esta situación?", o "¿Qué consejo le daría a un amigo que tuviera este pensamiento negativo?" Cuestionar tus pensamientos de esta manera puede ayudarte a ver las situaciones desde una perspectiva más equilibrada.

Listado de logros y éxitos: Crea una lista de tus logros y éxitos personales, sin importar cuán pequeños sean. Esto te ayudará a contrarrestar pensamientos negativos de autocrítica. Cuando te sientas abrumado por pensamientos negativos, revisa tu lista para recordarte a ti mismo tus logros y capacidades.

Practicar la gratitud: Mantén un diario de gratitud en el que anotes tres cosas por las que estás agradecido cada día. Esto te ayudará a enfocarte en aspectos positivos de tu vida y a contrarrestar pensamientos negativos.

Visualización positiva: Cierra los ojos y visualiza una situación que te cause ansiedad o te genere pensamientos negativos. Luego, imagina cómo afrontarías esa situación de manera exitosa y positiva. La práctica de la visualización puede ayudarte a cambiar la forma en que anticipas eventos futuros y a reducir la ansiedad.

Diario de autorreflexión: Lleva un diario de autorreflexión en el que anotes tus pensamientos y emociones a lo largo del día. Luego, revísalo y busca patrones de pensamiento negativo o distorsiones cognitivas. Anota cómo podrías reestructurar esos pensamientos de manera más positiva y realista.

La técnica del "¿y si?": Cuando te encuentres anticipando lo peor en una situación, pregunta: "¿Y si eso que temo no sucede?". Esto te ayudará a considerar alternativas y a reducir la preocupación excesiva.

El "cómo sería": Imagina cómo sería tu vida si tus pensamientos negativos no tuvieran tanto poder sobre ti. ¿Cómo te sentirías? ¿Qué acciones tomarías? Visualiza esa versión de ti mismo y trabaja en acercarte a ella.

La técnica del "sí, pero": Cuando tengas pensamientos negativos, añade "sí, pero" y luego enuncia una idea más realista y positiva. Por ejemplo, si piensas "Nunca seré capaz de hacerlo", puedes cambiarlo a "Sí, a veces es difícil, pero puedo aprender y mejorar con esfuerzo".

Reemplazo de palabras negativas: Identifica palabras negativas que usas con frecuencia para describirte a ti mismo o tus situaciones. Reemplázalas con palabras más neutrales o positivas. Por ejemplo, cambia "fracaso" por "oportunidad de aprendizaje".

El diálogo interno positivo: Practica cambiar tus pensamientos negativos por afirmaciones positivas. Por ejemplo, si tienes el pensamiento "Soy un fracaso", cámbialo por "Estoy en proceso de aprendizaje y mejora".

59

Examinando evidencia objetiva: Antes de aceptar un pensamiento negativo como verdad, busca pruebas objetivas que respalden o contradigan esa creencia. A menudo, descubrirás que tus pensamientos irracionales carecen de evidencia sólida.

El juego del abogado del diablo: Haz el papel de un abogado del diablo y argumenta en contra de tus pensamientos negativos. Esto te ayudará a ganar perspectiva y considerar diferentes puntos de vista.

La técnica del "zoom in, zoom out": Cuando te enfrentes a una situación estresante, imagina que estás viendo la imagen desde lejos (zoom out) y luego desde muy cerca (zoom in). Esto te ayudará a ver la situación en un contexto más amplio y a enfocarte en los detalles importantes.

Cartas de apoyo: Escribe cartas a ti mismo desde una perspectiva amigable y compasiva. En estas cartas, ofrécete apoyo, comprensión y aliento como lo haría un buen amigo. Léelas cuando te sientas abrumado por pensamientos negativos.

Estos ejercicios te brindarán herramientas adicionales para desafiar y reestructurar patrones de pensamiento negativo. La reestructuración cognitiva requiere práctica y paciencia, pero puede llevar a una mejora significativa en tu bienestar emocional. Recuerda que la práctica constante y la paciencia son clave en la reestructuración cognitiva.

Dimensiones en el viaje interno

Explorar las dimensiones del viaje interno es como abrir una puerta a un mundo rico y multifacético que existe en el interior de cada individuo. Este viaje nos invita a sumergirnos en las profundidades de nuestra propia conciencia y explorar las diversas facetas de nuestro ser. Explorar estas dimensiones en el viaje interno es un proceso continuo y personalizado. Cada individuo puede enfocarse en diferentes aspectos en momentos diferentes de su vida. Lo importante es mantener la apertura, la curiosidad y el compromiso de crecer y evolucionar como ser humano en esta exploración constante de uno mismo.

El viaje interior a través de las relaciones personales es un aspecto fascinante y esencial de la experiencia humana. Nuestra interacción con los demás actúa como un espejo que refleja y amplifica muchas dimensiones de nuestro ser.

El viaje interior implica aprender a valorarnos y aceptarnos a nosotros mismos, independientemente de las opiniones de los demás. El viaje interior a través de las relaciones personales es un camino continuo de aprendizaje y crecimiento. Nos desafía a ser conscientes de cómo nos relacionamos con los demás, a cultivar conexiones significativas y a desarrollar una comprensión más profunda de nosotros mismos. A través de estas relaciones, exploramos las múltiples dimensiones de nuestra identidad y encontramos un mayor sentido de autenticidad y plenitud en nuestra vida.

El viaje interior a través de la creatividad y la expresión es un camino apasionante hacia el autodescubrimiento y el enriquecimiento personal. La creatividad y la expresión artística ofrecen un espacio para explorar y dar voz a las profundidades de nuestro ser de una manera única. El viaje interior a través de la creatividad y la expresión es una aventura de autodescubrimiento. Nos permite explorar y celebrar nuestra singularidad, encontrar significado en la expresión artística y construir una conexión más profunda con nosotros mismos y el mundo que nos rodea. La creatividad es un regalo que enriquece nuestras vidas y nos lleva a un viaje interno que nunca deja de sorprender y enriquecer.

El viaje interior a través de la espiritualidad es una búsqueda profunda de significado, conexión y trascendencia que involucra la exploración de dimensiones más allá de lo material. La espiritualidad es una fuerza poderosa que guía a muchas personas en su viaje interno. El viaje interior a través de la espiritualidad es un proceso personal y profundo que puede tomar muchas formas. Las creencias y prácticas varían ampliamente según las tradiciones religiosas, filosofías espirituales y experiencias individuales. Para muchos, este viaje es una búsqueda constante de paz, significado y conexión con lo trascendental, que enriquece su viaje interno y les brinda una mayor comprensión de sí mismos y del mundo que los rodea.

El viaje interior a través del bienestar físico es una parte esencial de nuestro desarrollo personal y autodescubrimiento. Nuestro cuerpo es el vehículo que nos lleva a través de la vida, y su estado influye en nuestra mente y espíritu. El viaje interior a través del bienestar físico es una inversión en uno mismo. Cuidar de nuestro cuerpo nos permite explorar nuestro potencial y navegar nuestro viaje con mayor facilidad. Al equilibrar el bienestar físico con los aspectos mentales, emocionales y espirituales de nuestra vida, creamos un fundamento sólido para el autodescubrimiento a lo largo de nuestra vida.

La terapia y el apoyo emocional desempeñan un papel fundamental en profundizar la autoexploración y enriquecer el viaje interior de un individuo. Estos recursos ofrecen un espacio seguro y estructurado para explorar emociones, pensamientos y experiencias personales. La terapia y el apoyo emocional son recursos valiosos para quienes buscan un viaje interior más profundo y significativo. Proporcionan un espacio de autocuidado y autoexploración que contribuye a la comprensión de uno mismo, la sanación de heridas emocionales y el crecimiento personal. Estos recursos permiten a las personas navegar las aguas de su viaje interior con mayor claridad y confianza.

No importa cuál sea tu primer paso, lo importante es que estás dando ese paso. Estás tomando la decisión consciente de embarcarte en tu viaje de autodescubrimiento y autoconciencia, y eso es algo que deberías celebrar.

La transformación personal implica un cambio profundo en nuestra forma de ser, pensar y actuar. Puede abarcar diferentes áreas de nuestra vida, como nuestras relaciones, nuestra carrera, nuestra espiritualidad y nuestra mentalidad. A medida que crecemos y nos transformamos, nos convertimos en versiones más auténticas y plenas de nosotros mismos.

Este proceso de autoindagación puede ser desafiante, ya que nos enfrentamos a nuestras propias limitaciones y áreas de mejora. Sin embargo, también puede ser emocionante y liberador, ya que descubrimos nuevas perspectivas y posibilidades.

A medida que avanzamos en nuestro viaje es importante estar abiertos al aprendizaje y al cambio. Esto implica estar dispuestos a cuestionar nuestras suposiciones y creencias arraigadas, y a considerar nuevas formas de pensar y actuar. Puede requerir salir de nuestra zona de confort y enfrentar miedos y resistencias internas. Sin embargo, al hacerlo, ampliamos nuestros horizontes y nos abrimos a un mayor potencial de desarrollo personal.

El crecimiento y la transformación también pueden involucrar enfrentar y sanar heridas emocionales pasadas. A menudo llevamos con nosotros experiencias dolorosas o traumas que nos han afectado en diferentes formas. Al abordar estas heridas y trabajar en su sanación, podemos liberarnos de cargas emocionales y abrir espacio para la transformación positiva.

Es importante recordar que el crecimiento y la transformación no son eventos instantáneos, sino procesos continuos a lo largo de la vida. Requieren paciencia, dedicación y perseverancia. A medida que avanzamos en nuestro viaje, es normal experimentar altibajos y momentos de estancamiento. Sin embargo, incluso en estos momentos, podemos encontrar oportunidades de aprendizaje y desarrollo.

A través de la autoexploración, la apertura al cambio y el trabajo en la sanación emocional, podemos experimentar una mayor autenticidad, plenitud y conexión con nosotros mismos y con el mundo que nos rodea. Aunque el proceso puede ser desafiante, los beneficios y las recompensas son inmensos. Así que abrázalo con valentía y amabilidad, y permítete crecer y transformarte en la mejor versión de ti mismo.

Mantener el rumbo en nuestro viaje personal puede ser una tarea desafiante, especialmente en tiempos de turbulencia emocional o estrés. Sin embargo, es esencial para continuar nuestro crecimiento y desarrollo.

Al ser conscientes de nuestros patrones de comportamiento y de nuestras reacciones, podemos identificar cuando nos estamos desviando de nuestro camino y tomar medidas para corregir nuestro curso. Esto implica un compromiso constante con la autorreflexión, la autocrítica constructiva y la disposición para cambiar.

Mantener el rumbo puede ser más fácil cuando estamos rodeados de personas que nos apoyan y entienden nuestro viaje. Ya sea a través de grupos de apoyo, o simplemente tener conversaciones profundas y significativas con amigos, compartir nuestras experiencias puede proporcionar una sensación de validación y pertenencia. Además, podemos aprender de las experiencias y las perspectivas de los demás, lo que puede proporcionarnos nuevas ideas y enfoques para nuestros propios desafíos.

El viaje interno es un viaje compartido. Aunque nuestras experiencias individuales son únicas, todos estamos buscando un propósito más profundo, una mayor comprensión de nosotros mismos y una conexión más significativa con el mundo que nos rodea. En este viaje, encontrar y conectar con otros individuos que comparten nuestros valores y aspiraciones puede ser un verdadero regalo.

En una comunidad de este tipo, encontramos comprensión, empatía y aliento. Puede ser un lugar donde nos sintamos vistos y escuchados, y donde nuestras luchas y triunfos sean validados. Además, al interactuar con otros en nuestro viaje, podemos obtener una perspectiva más amplia y enriquecedora. Las personas con las que nos encontramos a lo largo de nuestra vida pueden tener diferentes antecedentes, experiencias y enfoques, lo que nos permite aprender de ellos y expandir nuestra propia comprensión. Estos intercambios mutuos nos desafían a cuestionar nuestras creencias y a considerar nuevas ideas. Los grupos apoyo y las amistades conscientes también desempeñan un papel importante en nuestro viaje compartido. Con ellos podemos profundizar en temas específicos que nos interesan y aprender de manera colaborativa. Estas opciones nos ofrecen la oportunidad de reflexionar, discutir y crecer juntos.

Cultivar amistades conscientes nos brinda un valioso apoyo en nuestro viaje. Estas amistades se basan en una conexión más profunda y en valores compartidos. Podemos encontrar a personas con las que podemos hablar abierta y honestamente sobre nuestros sueños, desafíos y crecimiento personal. Estas relaciones nos nutren y nos alientan en nuestro camino.

A medida que compartimos nuestro viaje con otros, también podemos desempeñar un papel activo en apoyar y animar a aquellos que nos rodean. Al compartir nuestras experiencias y aprendizajes, podemos inspirar y motivar a otros en su propio viaje interno. Al ser auténticos y vulnerables, creamos espacios donde los demás se sienten seguros para compartir y crecer.

Puede ser útil establecer y revisar regularmente nuestros objetivos. Los objetivos actúan como faros en nuestro viaje, proporcionando una dirección clara hacia la que avanzar. Revisar nuestros objetivos nos permite medir nuestro progreso y hacer ajustes si es necesario.

Finalmente, mantener el rumbo implica ser amable y paciente consigo mismo. Habrá momentos en los que te desvíes de tu camino, y eso está bien. El crecimiento y el cambio son procesos desordenados y no lineales, y todos cometemos errores. Lo importante es aprender de estos desvíos y usarlos como oportunidades para crecer y mejorar. Aunque puede ser un desafío, también es una parte esencial de nuestro crecimiento.

Celebrar tus logros es un componente esencial en el proceso del viaje. Independientemente del tamaño de la victoria, cada paso hacia adelante merece ser reconocido y celebrado. Este acto de celebración es mucho más que una simple palmadita en la espalda; tiene un impacto profundo en nuestra autoestima, motivación y percepción de nosotros mismos.

Celebrar tus logros es un reconocimiento de tu esfuerzo y dedicación. Cada logro, grande o pequeño, es el resultado de tu trabajo duro, persistencia y resiliencia. Al tomar un momento para reconocer y celebrar este esfuerzo, estás validando tu trabajo y reforzando tu capacidad para enfrentar desafíos y superar obstáculos. Celebrar tus logros te permite ver tu crecimiento y progreso. A veces, en medio de nuestros desafíos diarios y luchas, podemos perder de vista cuánto hemos crecido y evolucionado.

Al detenerte a celebrar tus logros, tienes la oportunidad de reflexionar sobre tu viaje, ver cuánto has avanzado y reconocer las habilidades y fortalezas que has desarrollado en el camino. Celebrar tus logros también puede ser una poderosa fuente de motivación. Cada vez que celebras un logro, estás reforzando el vínculo entre tu esfuerzo y el éxito. Esto puede ayudarte a mantenerte motivado y comprometido con tus objetivos, y a seguir adelante, incluso cuando te enfrentas a dificultades o desafíos.

La celebración de tus logros también puede aumentar tu confianza en ti mismo. Al reconocer tus éxitos, estás reafirmando tu capacidad para alcanzar tus objetivos. Esto puede aumentar tu autoeficacia, o tu creencia en tu capacidad para tener éxito, lo cual es un factor clave para la motivación y el logro de tus metas.

Finalmente, celebrar tus logros te permite disfrutar del viaje, no solo del destino. A menudo, estamos tan centrados en nuestras metas futuras que olvidamos disfrutar del proceso de llegar hasta allí. Al celebrar tus logros, estás dándote permiso para disfrutar del viaje, para apreciar el aquí y el ahora, y para sentir alegría y gratitud por cada paso que tomas.

Celebrar tus logros es una práctica poderosa y beneficiosa. Te permite reconocer y apreciar tu esfuerzo, ver tu crecimiento y progreso, aumentar tu motivación y confianza, y disfrutar del viaje. Independientemente de lo grande o pequeño que sea el logro, cada paso adelante es una victoria que merece ser celebrada.

El viaje interno es un proceso continuo. No es un destino al que llegamos, sino un camino que seguimos. Estamos en constante evolución, aprendiendo y creciendo. No importa cuánto hayamos crecido o cuánto hayamos aprendido, siempre hay más por descubrir sobre nosotros mismos y sobre el mundo que nos rodea. En cada momento, tenemos la oportunidad de profundizar en nuestro autoconocimiento y de expandir nuestra autoconsciencia.

Al continuar en este viaje, podemos vivir una vida de mayor autenticidad, plenitud y propósito. Podemos aprender a amarnos a nosotros mismos en nuestra totalidad, a apreciar el mundo en su belleza y a vivir cada momento con presencia y gratitud. Un viaje interno es un viaje poderoso y transformador.

Aunque puede ser desafiante, también es profundamente enriquecedor y gratificante. Y es un viaje que todos tenemos el potencial de emprender. A medida que avanzamos en nuestro viaje interno, comenzamos a ver la vida de una manera diferente. Empezamos a ver la vida como un espejo, reflejando nuestras creencias internas y nuestros patrones de pensamiento.

Por ejemplo, si nos encontramos a menudo en situaciones de conflicto, puede ser un reflejo de nuestro conflicto interno. Si sentimos que siempre estamos luchando, puede ser un reflejo de nuestra creencia interna de que la vida es una lucha.

Al reconocer estos reflejos, podemos empezar a hacer cambios internos que se reflejarán en nuestra vida exterior. Al resolver nuestro conflicto interno, podemos encontrar más armonía en nuestras relaciones. Al cambiar nuestra creencia de que la vida es una lucha, podemos empezar a encontrar más facilidad y fluidez en nuestro día a día.

El viaje interno nos permite vivir de manera más consciente. Nos permite vivir en el presente, en lugar de quedar atrapados en el pasado o preocuparnos por el futuro. Nos permite responder a la vida, en lugar de reaccionar a ella.

Vivir conscientemente es, en su esencia, una forma de vida que aboga por la plena conciencia y atención en cada momento, y en cada elección que hacemos. Implica vivir con un propósito definido y claro, en lugar de simplemente dejar que los eventos y circunstancias de la vida nos controlen.

Vivir conscientemente implica tomar decisiones que están en sintonía con nuestros valores y creencias personales. En lugar de actuar por impulso o hábito, se nos pide que consideremos cuidadosamente nuestras acciones y cómo se alinean con lo que consideramos más importante. Esto no significa que siempre tengamos que tomar la opción más difícil o exigente;

simplemente significa que debemos ser conscientes de por qué estamos tomando las decisiones que tomamos y asegurarnos de que estas decisiones nos acerquen a ser la persona que queremos ser. Vivir conscientemente significa esforzarnos por acercarnos a nuestros sueños y metas. Esto puede implicar tomar riesgos o salir de nuestra zona de confort, pero también puede implicar simplemente reconocer lo que realmente queremos en la vida y hacer pequeños cambios diarios para acercarnos a esas metas.

Hay muchas formas de practicar la vida consciente. La meditación y la atención plena son dos de las más efectivas. Ambas prácticas nos permiten sintonizar con nuestro mundo interior, creando espacio para la introspección y la autorreflexión.

El viaje interno nos permite crear nuestra propia realidad. Nos permite reconocer que somos los creadores de nuestra vida, y que tenemos el poder de diseñarla de la manera que deseamos.

Crear nuestra realidad no significa que podemos controlar todos los aspectos de nuestra vida. La vida es impredecible, y a menudo hay circunstancias que están fuera de nuestro control. Sin embargo, siempre podemos controlar cómo respondemos a estas circunstancias.

Al elegir nuestras respuestas, elegimos la energía que traemos a nuestra vida. Al elegir la gratitud, atraemos más cosas por las que estar agradecidos. Al elegir el amor, atraemos más amor a nuestra vida. Al elegir la paz, creamos una vida más pacífica.

El viaje interno nos permite vivir una vida más auténtica, consciente y gratificante. Nos permite descubrir nuestro verdadero yo, enfrentar nuestras sombras y crecer hacia nuestra versión más elevada. Y al hacerlo, nos permite crear una realidad que refleje nuestra verdadera esencia.

La paciencia, a menudo subestimada en una sociedad que valora la inmediatez y la gratificación instantánea, es una virtud que tiene una importancia incalculable. Se podría decir que la paciencia es una de las cualidades más esenciales para vivir conscientemente, ya que nos permite honrar el ritmo natural de la vida y respetar nuestro propio proceso de crecimiento y desarrollo.

La paciencia es fundamental en nuestro viaje personal porque permite que se desarrolle un proceso de aprendizaje saludable y sólido. Cada uno de nosotros tiene su propio ritmo y velocidad para procesar la información, aprender nuevas habilidades y adaptarse a nuevas circunstancias. La paciencia nos permite aceptar esto sin frustración o desesperación. Nos ayuda a entender que el verdadero crecimiento y cambio lleva tiempo, y que a veces debemos dar un paso atrás para poder avanzar.

La paciencia nos permite ser más indulgentes y amables con nosotros mismos. En lugar de castigarnos por nuestros errores o por no alcanzar nuestras metas tan rápido como quisiéramos, la paciencia nos recuerda que somos humanos y que está bien tropezar y caer. Al practicar la paciencia con nosotros mismos, creamos un espacio para la autocompasión y la autoaceptación, lo cual es esencial para nuestro bienestar emocional y mental.

La paciencia también puede ser una herramienta poderosa para gestionar el estrés y la ansiedad. En lugar de preocuparnos por lo que podría suceder en el futuro o lamentarnos por lo que ocurrió en el pasado, la paciencia nos permite centrarnos en el presente. Nos recuerda que solo tenemos control sobre el aquí y el ahora, y que debemos aprovechar al máximo cada momento.

Finalmente, practicar la paciencia con nosotros mismos también nos prepara para ser pacientes con los demás. Al entender que cada persona tiene su propio ritmo y camino, somos más capaces de mostrar compasión y comprensión hacia los demás. Esto no solo mejora nuestras relaciones interpersonales, sino que también nos permite aprender de las experiencias y perspectivas de otros.

La paciencia es una virtud que enriquece nuestras vidas y nos permite vivir de manera más consciente y plena. Nos enseña a apreciar el viaje en lugar de solo el destino, y nos recuerda que la vida es un proceso de constante crecimiento y aprendizaje. Aunque pueda ser difícil de practicar en momentos de estrés o incertidumbre, la paciencia puede ser un faro de calma y sabiduría en medio de la tormenta.

La gratitud es un sentimiento poderoso y transformador que puede cambiar nuestra perspectiva de la vida de manera positiva. Al fomentar una actitud de gratitud, podemos reconocer y apreciar la belleza y la bondad que existen en nuestro mundo y en nuestras vidas. Aunque este proceso puede parecer simple, la gratitud es en realidad una fuente inagotable de fuerza y resiliencia.

La gratitud nos ayuda a centrarnos en las bendiciones presentes en nuestra vida, en lugar de centrarnos en lo que creemos que nos falta. Al cultivar una mentalidad de gratitud, estamos eligiendo celebrar las cosas que sí tenemos. Este cambio de perspectiva puede tener un impacto profundo en nuestra salud mental y emocional, ya que la gratitud está asociada con una mayor felicidad, menos estrés y una mayor satisfacción con la vida.

Además, la gratitud puede ser una poderosa herramienta de afrontamiento en tiempos de dificultades o desafíos. Puede ser fácil sentirse abrumado por los problemas y obstáculos que enfrentamos, pero al practicar la gratitud, podemos recordar que también hay muchas cosas buenas en nuestras vidas. Esta práctica puede ayudarnos a mantener la esperanza y la fuerza durante tiempos difíciles, y a recordar que también hay luz en la oscuridad.

La gratitud también puede fortalecer nuestras relaciones con los demás. Al expresar gratitud a las personas en nuestras vidas, estamos reconociendo su valor y demostrándoles que apreciamos su presencia y su contribución a nuestra vida. Esto puede crear una mayor conexión y profundidad en nuestras relaciones, y puede ayudarnos a sentirnos más apoyados y amados.

La gratitud nos permite apreciar el viaje de la vida, no solo el destino. Nos ayuda a disfrutar de los pequeños momentos y placeres de la vida, y a valorar el proceso y el crecimiento personal que viene con los desafíos y las dificultades. Nos permite ver cada experiencia, buena o mala, como una oportunidad para aprender y crecer.

La gratitud es una poderosa fuente de fuerza y positividad. Es una práctica que podemos incorporar en nuestra vida diaria, y que puede tener efectos profundos en nuestra salud mental y emocional, nuestras relaciones y nuestra perspectiva de la vida. Al practicar la gratitud, estamos eligiendo ver la belleza y la bondad en el mundo, y a agradecer las bendiciones y las lecciones que la vida nos brinda.

La búsqueda de la perfección puede parecer una aspiración noble, pero a menudo es una fuente de estrés, insatisfacción y autojuicio. En lugar de buscar la perfección, podemos aprender a apreciar la belleza de la imperfección, una práctica que nos lleva a aceptar y abrazar nuestra humanidad en todas sus formas.

Reconocer y aceptar nuestras imperfecciones nos permite ver que la perfección no solo es inalcanzable, sino que también es innecesaria. Las imperfecciones son lo que nos hacen únicos, lo que nos diferencia de los demás. Son un recordatorio de nuestra humanidad y de nuestra capacidad para crecer y aprender. Al valorar nuestras imperfecciones, podemos aprender a valorar nuestra singularidad e individualidad, y a abrazar todo lo que nos hace ser nosotros mismos.

Además, las imperfecciones pueden ser una fuente de belleza en sí mismas. En lugar de ser señales de fracaso o debilidad, pueden ser vistas como signos de autenticidad y experiencia. Cada imperfección puede ser una historia de perseverancia, de aprendizaje, de superación de dificultades. Son testimonios de nuestra vida, de nuestra humanidad, y hay una belleza profundamente conmovedora en eso.

La belleza de la imperfección también reside en su capacidad para conectar con los demás. Cuando mostramos nuestras imperfecciones, estamos mostrando nuestra auténtica identidad, nuestras verdaderas emociones, nuestros verdaderos yo. Esta vulnerabilidad puede ser un poderoso catalizador para la conexión y la intimidad, ya que nos permite ser vistos y comprendidos en nuestra totalidad.

Adaptarnos a nosotros mismos con nuestras imperfecciones también puede ser una fuente de liberación y paz. La presión para ser perfecto puede ser abrumadora, pero al aceptar nuestras imperfecciones, nos liberamos de esta carga. En lugar de juzgarnos a nosotros mismos por no cumplir con un ideal inalcanzable, podemos aprender a amarnos y aceptarnos tal y como somos.

Hay una belleza innegable en la imperfección. En vez de luchar contra nuestras imperfecciones, podemos aprender a apreciarlas y a verlas como una parte integral de lo que somos. Al hacerlo, podemos encontrar una mayor autenticidad, autoaceptación y conexión con los demás, y descubrir una forma de belleza que es verdaderamente única y profundamente humana.

Enfrentando obstaculos internos

Los obstaculos internos pueden tomar muchas formas, desde el miedo al cambio y a lo desconocido, hasta la resistencia a confrontar nuestras sombras internas. Superar estos miedos y barreras no es sencillo, pero es un paso crucial. Es a través de estos desafíos que somos capaces de crecer y evolucionar. Cada miedo superado y cada barrera derribada nos lleva un paso más cerca de la autorealización.

Una de las formas más efectivas de superar todos esos miedos y barreras es a través de la autoconsciencia y el autoconocimiento. Al entender nuestros miedos y resistencias, podemos empezar a confrontarlos y a superarlos. Comienza por mirar hacia adentro y reconocer estos obstáculos, explorando su origen y su impacto en nuestra vida. Esta reflexión nos brinda claridad sobre lo que está impidiendo nuestro progreso y nos permite cuestionar y reemplazar esas creencias limitantes por pensamientos más saludables y empoderadores.

Los miedos, a menudo arraigados en experiencias pasadas o preocupaciones sobre el futuro, pueden mantenernos atrapados en patrones de evitación y ansiedad. Al enfrentar estos miedos con valentía, ganamos una mayor libertad emocional y la capacidad de avanzar con confianza.

La gestión de las emociones intensas y reprimidas también es esencial en la superación de obstáculos internos. A menudo, estas emociones actúan como un peso que nos impide avanzar. A través de la autoexpresión saludable y el procesamiento de estas emociones, liberamos una carga emocional que puede haber estado frenando nuestro crecimiento.

La resiliencia juega un papel importante en este proceso. Superar obstáculos internos no es un camino lineal y puede incluir retrocesos. La resiliencia nos brinda la fuerza y la flexibilidad necesarias para afrontar estos desafíos de manera efectiva, en lugar de ser abrumados por ellos.

La práctica de la atención plena (mindfulness) y la reestructuración cognitiva nos ayudan a liberarnos de patrones de pensamiento negativos. La atención plena nos permite observar nuestros pensamientos sin juzgar y con aceptación, lo que a menudo desencadena una perspectiva más positiva. La reestructuración cognitiva implica cuestionar y reformular creencias irracionales, lo que nos libera de pensamientos limitantes.

Enfrentar el pasado y practicar el perdón es un aspecto crucial de nuestro viaje interior hacia el autodescubrimiento y la sanación. A menudo, el pasado puede cargarnos con experiencias dolorosas, rencores y heridas emocionales que influyen en nuestro presente y futuro. Aquí exploraremos cómo abordar el pasado y practicar el perdón en nuestro viaje de autodescubrimiento:

Reflexión sobre el pasado: Comienza por reflexionar sobre tu pasado. Examina las experiencias, eventos o relaciones que aún te afectan emocionalmente. La autorreflexión te permite comprender las heridas del pasado y cómo han influido en tu vida actual.

Aceptación de las emociones: Aceptar las emociones asociadas con el pasado es esencial. Es natural sentir dolor, enojo o tristeza cuando se enfrenta al pasado. Aceptar estas emociones te permite procesarlas de manera saludable.

Perdón a uno mismo: El perdón hacia uno mismo es un paso crucial. Reconoce tus propias acciones pasadas y decisiones que puedan haber contribuido a las experiencias dolorosas. Acepta que todos cometemos errores y libérate de la culpa y la autocrítica.

Empatía hacia otros: Practicar la empatía hacia aquellos que pudieron haber causado daño en tu pasado es un acto liberador. Trata de comprender sus propias luchas y motivaciones, lo que te permite liberarte del resentimiento y la ira.

Comunicación y resolución: Cuando sea posible, considera la comunicación con las personas involucradas en las experiencias dolorosas. Hablar y expresar tus sentimientos puede ser un medio de liberación y resolución.

Establecimiento de límites: Aprende a establecer límites saludables en tus relaciones y en tu vida para evitar la repetición de patrones destructivos del pasado.

Terapia y apoyo: Enfrentar el pasado y practicar el perdón a menudo se beneficia de la ayuda de un terapeuta o consejero. Buscar apoyo emocional y profesional puede proporcionar las herramientas y el apoyo necesarios para sanar.

Enfoque en el presente y el futuro: Aunque es importante enfrentar el pasado, no te quedes atrapado en él. Enfoca tu energía en el presente y en la construcción de un futuro más saludable y feliz.

Prácticas de autocuidado: Practicar el autocuidado es crucial. Cuida de tu bienestar físico y emocional a través de la meditación, el ejercicio, la nutrición adecuada y la búsqueda de actividades que te brinden alegría y satisfacción.

Celebración del crecimiento: A medida que enfrentas el pasado y practicas el perdón, celebra tu crecimiento y sanación. Reconoce cómo has evolucionado como persona y cómo estás construyendo una vida más plena.

Enfrentar el pasado y practicar el perdón es un proceso que requiere tiempo y esfuerzo. Sin embargo, al hacerlo, puedes liberarte de las cadenas del pasado y vivir una vida más auténtica y significativa. Al sanar las heridas emocionales y aprender a perdonar, te permites avanzar en tu viaje interior con un corazón más ligero y una mente más abierta hacia nuevas posibilidades.

A menudo, nos esforzamos por ser compasivos con los demás, pero nos olvidamos de ser igual de amables y comprensivos con nosotros mismos. La autocompasión es un regalo que nos brindamos a nosotros mismos en nuestro viaje interior. Nos ayuda a navegar por las aguas a menudo turbulentas del autodescubrimiento con amor y aceptación. Al practicar la autocompasión, nos convertimos en nuestro propio aliado y amigo, lo que nos permite crecer, sanar y vivir una vida más auténtica y satisfactoria.

La paciencia y la perseverancia son cualidades cruciales en el viaje interior hacia el autodescubrimiento y el viaje interior. A menudo, este camino puede estar lleno de desafíos, retrocesos y momentos de duda, lo que hace que la paciencia y la perseverancia sean esenciales.

La paciencia y la perseverancia te brindan la resistencia necesaria para superar los desafíos, aprender y crecer a lo largo del camino. Mantener la paciencia y la perseverancia te permitirá descubrir tu verdadero yo y vivir una vida más auténtica y satisfactoria.

El camino hacia la transformación

El camino hacia la transformación es un proceso personal de cambio y evolución. Implica la revisión y el crecimiento de uno mismo, con el objetivo de convertirse en una versión mejor y más auténtica de uno mismo. Cada paso en este camino te acerca a una vida más significativa y enriquecedora. El viaje interno es un proceso de por vida, y siempre hay más por descubrir y aprender. Cada experiencia nos ofrece la oportunidad de crecer y ampliar nuestros horizontes.

El viaje interno requiere coraje. A veces, puede ser intimidante enfrentar nuestros miedos y afrontar las partes menos deseables de nosotros mismos. Puede implicar confrontar nuestras sombras, aquellas partes de nosotros mismos que preferimos ignorar o negar. Sin embargo, al enfrentar estas partes de manera valiente y compasiva, podemos sanar y crecer. El coraje también se manifiesta al tomar decisiones difíciles que nos alejan de situaciones o relaciones tóxicas, y al establecer límites saludables en nuestra vida.

Somos seres en constante evolución. No hay un destino final al que llegar, sino una búsqueda continua de autenticidad y plenitud. Es posible que nos encontremos con obstáculos en el camino, momentos de duda o retroceso. Sin embargo, estos desafíos son oportunidades para aprender y crecer aún más. Cada experiencia, ya sea positiva o negativa, nos brinda enseñanzas valiosas y nos ayuda a moldear nuestra identidad.

Reconocer que somos humanos y que cometeremos errores es fundamental. Aceptarnos a nosotros mismos con amor y comprensión nos permite seguir adelante, aprender de nuestras experiencias y seguir creciendo. La autocompasión nos ayuda a mantenernos motivados y comprometidos con nuestro desarrollo personal, a pesar de los desafíos que podamos enfrentar.

La continuidad del viaje interno implica un compromiso constante. A lo largo de este camino, enfrentaremos desafíos, aprenderemos lecciones valiosas y nos transformaremos en versiones más auténticas de nosotros mismos. Hay que encontrar el sentido más profundo en la vida, entender por qué estámos aquí y qué nos apasiona. A continuación exploraremos cómo este proceso puede llevar a una transformación significativa:

Conexión con uno mismo: El primer paso para descubrir el propósito y la pasión es conectarse con uno mismo a un nivel profundo. Esto implica la autorreflexión y la exploración de tus valores, intereses, habilidades y lo que realmente te hace sentir vivo.

Exploración de intereses: Presta atención a lo que te entusiasma y apasiona. ¿Qué actividades o temas te atraen de manera natural? La exploración de tus intereses puede revelar pistas sobre tu propósito y pasión.

Identificación de valores:* Comprende cuáles son tus valores fundamentales. Tus valores son guías que te ayudarán a tomar decisiones alineadas con tu propósito y te darán una sensación de dirección en la vida.

Desarrollo de habilidades: A medida que descubres tus pasiones, trabaja en el desarrollo de las habilidades necesarias para perseguirlas. A menudo, la pasión se nutre cuando te vuelves hábil en algo que te importa.

Experimentación: No temas probar cosas nuevas. La experimentación te permite descubrir lo que realmente te resuena y lo que no. A través de la prueba y el error, puedes refinar tus intereses y pasiones.

Alineación con el propósito: Pregúntate cómo puedes utilizar tus pasiones y habilidades para contribuir de manera significativa al mundo. El propósito a menudo está relacionado con el servicio a los demás y la creación de un impacto positivo.

Flexibilidad y adaptabilidad: El camino hacia la transformación puede ser fluido. A medida que descubres tu propósito y pasión, es importante mantener una mente abierta y estar dispuesto a adaptarte a medida que evolucionas.

Integración en la vida diaria: Una vez que hayas identificado tu propósito y pasión, trabaja en integrarlos en tu vida diaria. Esto implica hacer elecciones y tomar acciones alineadas con tus descubrimientos.

A medida que descubres tu propósito y pasión, es fundamental seguir creciendo y aplicando estos descubrimientos en tu vida cotidiana. Ahora exploraremos cómo la integralos y sostenerlos en nuestra vida

Integración de descubrimientos: Una vez que hayas identificado tu propósito y pasión, es importante integrarlos en tu vida. Esto implica hacer elecciones y tomar medidas que estén alineadas con lo que has descubierto sobre ti mismo. La integración te permite vivir de manera más auténtica y coherente con tus valores y metas.

Desarrollo de nuevas habilidades: A medida que persigues tu propósito y pasión, es probable que debas desarrollar nuevas habilidades. La adquisición de conocimientos y capacidades relacionados con tus intereses te ayuda a crecer y a ser más competente en lo que haces.

Adaptabilidad: El crecimiento continuo a menudo requiere adaptabilidad. El mundo está en constante cambio, y es fundamental estar dispuesto a ajustarte a nuevas circunstancias y desafíos. La adaptabilidad te permite aprovechar las oportunidades y superar las dificultades.

Aprendizaje constante: La transformación personal es un proceso de aprendizaje continuo. A medida que aplicas tus pasiones y propósito en tu vida, aprenderás más sobre ti mismo y el mundo que te rodea. Mantén una mente abierta y busca oportunidades de aprendizaje.

Resiliencia: En el camino hacia la transformación, es probable que enfrentes obstáculos y momentos de dificultad. La resiliencia te ayuda a superar estos desafíos y a mantenerte enfocado en tus objetivos a pesar de las adversidades.

Innovación: La innovación es un componente clave del crecimiento continuo. A medida que exploras tus pasiones y propósito, puedes encontrar nuevas formas de abordar problemas o de crear impacto en el mundo. La innovación te permite ser creativo y encontrar soluciones únicas.

Búsqueda de nuevas metas: A medida que creces y evolucionas, es probable que establezcas nuevas metas y objetivos. La búsqueda de metas en constante evolución te impulsa a seguir adelante y a mantener un sentido de dirección en tu vida.

Autocompasión: A medida que te enfrentas a desafíos y fracasos, trata de ser amable contigo mismo y no te juzgues con dureza. La autocompasión te permite mantener una actitud positiva y resiliente.

La integración de los aprendizajes en la vida cotidiana no basta con adquirir conocimientos y descubrir nuevas perspectivas; es esencial aplicar estos aprendizajes en la vida diaria para que tengan un impacto real. Aquí exploraremos la importancia de la integración de los aprendizajes en la vida cotidiana:

Cambio de comportamiento: La verdadera transformación implica un cambio de comportamiento. Cuando integras lo que has aprendido en tu vida cotidiana, estás dando pasos concretos hacia una mayor autenticidad y coherencia entre tus valores y acciones.

Profundización del autodescubrimiento: Al aplicar los aprendizajes en la vida diaria, te brindas la oportunidad de profundizar tu conocimiento sobre ti mismo. Aprendes cómo reaccionas a diversas situaciones y cómo puedes utilizar tus nuevas perspectivas para tomar decisiones más alineadas con tus objetivos.

Construcción de hábitos saludables: La integración de los aprendizajes te permite construir hábitos saludables que promueven el crecimiento personal. Puedes incorporar rutinas y prácticas que te ayuden a mantener un enfoque constante en tus metas y valores.

Aplicación en situaciones reales: La teoría se convierte en acción cuando aplicas lo que has aprendido en situaciones del mundo real. Esto te permite experimentar los beneficios y desafíos de tus nuevos conocimientos.

Generación de resultados tangibles: La integración de los aprendizajes puede generar resultados tangibles en tu vida. Puedes lograr metas, resolver problemas de manera más efectiva y experimentar una mayor satisfacción en diversas áreas, desde las relaciones hasta la carrera.

Creación de un sentido de significado: Integrar tus aprendizajes en la vida cotidiana te da un sentido de significado y propósito. Te sientes más conectado con tus valores y objetivos, lo que proporciona una sensación de dirección y satisfacción.

Crecimiento sostenible: La transformación personal sostenible se logra a través de la integración continua de lo que aprendes. Esto significa que no se trata solo de adquirir nuevos conocimientos, sino de aplicarlos de manera constante a lo largo del tiempo.

Respaldo a las relaciones: La integración de tus aprendizajes también puede beneficiar tus relaciones. Cuando aplicas nuevas perspectivas en la interacción con los demás, puedes fomentar una comunicación más efectiva y relaciones más saludables.

La integración de los aprendizajes en la vida cotidiana es el puente entre la teoría y la acción en el proceso de transformación personal. Al tomar medidas concretas y aplicar tus nuevos conocimientos, puedes experimentar un crecimiento real y duradero en todas las áreas de tu vida.

Lidiar con la resistencia y el miedo forman parte del proceso. Estas emociones pueden actuar como obstáculos en tu camino hacia el cambio y el crecimiento. Aquí exploraremos cómo abordar la resistencia y el miedo en el proceso de transformación:

Reconocimiento: El primer paso para lidiar con la resistencia y el miedo es reconocer su presencia. Conciencia de que estas emociones son normales y comunes cuando te enfrentas a lo desconocido o a situaciones de cambio.

Autoindagación: Profundiza en la causa de tu resistencia y miedo. ¿Qué es lo que realmente te preocupa o te impide avanzar? La autoindagación te ayuda a comprender mejor estas emociones.

Aceptación: Aprende a aceptar la resistencia y el miedo como parte de tu experiencia. No los juzgues ni te critiques por sentirlos. La aceptación te permite trabajar con estas emociones en lugar de luchar contra ellas.

Desafío de creencias limitantes: A menudo, la resistencia y el miedo se basan en creencias limitantes o autoconceptos negativos. Cuestiona estas creencias y busca evidencia que las desmienta. Transformar tus creencias puede ayudar a reducir la resistencia y el miedo.

Apoyo emocional: Hablar sobre tus sentimientos con amigos, familiares o un terapeuta puede proporcionar apoyo emocional. A veces, compartir tus preocupaciones puede aliviar la carga de la resistencia y el miedo.

Prácticas de mindfulness: El mindfulness te permite observar tus pensamientos y emociones sin apegarte a ellos. Esto puede ayudarte a distanciarte de la resistencia y el miedo, permitiendo que pierdan su poder sobre ti.

Enfoque en metas y valores: Mantén tus metas y valores en mente. Recordar por qué te embarcaste en el proceso de transformación puede proporcionar motivación para superar la resistencia y el miedo.

Pequeños pasos: A veces, tomar pequeños pasos en lugar de enfrentar un cambio masivo puede reducir la resistencia y el miedo. Divide tu proceso de transformación en pasos manejables y avanza gradualmente.

Celebración de logros: Celebra tus logros, incluso los pequeños. Reconocer tu progreso puede ayudar a aumentar tu confianza y reducir la resistencia y el miedo.

Persistencia: La transformación personal lleva tiempo, y enfrentar la resistencia y el miedo puede ser un desafío recurrente. La persistencia es fundamental; no te desanimes por retrocesos temporales.

Lidiar con la resistencia y el miedo requiere autocompasión, autenticidad y determinación. Estas emociones son normales en el camino de la transformación personal, y aprender a trabajar con ellas en lugar de contra ellas te permite avanzar hacia una vida más auténtica y satisfactoria.

Mantener la disciplina y la consistencia es esencial en cualquier proceso de transformación personal. Estas cualidades te ayudan a establecer hábitos sólidos y a avanzar de manera constante hacia tus objetivos. Aquí exploraremos cómo puedes mantener la disciplina y la consistencia en tu viaje de transformación:

Establece metas claras: Define metas claras y específicas que deseas alcanzar en tu proceso de transformación. Tener objetivos concretos te brinda un propósito y dirección claros.

Crea un plan: Diseña un plan o un sistema que te ayude a alcanzar tus metas. Un plan te proporciona un marco para la acción y te ayuda a mantener el rumbo.

Establece rutinas: Incorpora tus objetivos en tu rutina diaria. La consistencia se construye al realizar acciones específicas de manera regular.

Divide tus metas: Divide tus objetivos en tareas más pequeñas y manejables. En lugar de abrumarte con grandes desafíos, concéntrate en pequeños pasos que puedas abordar de manera constante.

Mantén un registro: Lleva un registro de tu progreso. Esto te permite evaluar tu avance y te motiva a seguir siendo consistente.

Encuentra motivación: Identifica fuentes de motivación que te impulsen a seguir adelante. Esto podría ser el recordatorio de tus metas, el apoyo de amigos o la satisfacción de ver resultados.

Practica la autodisciplina: La autodisciplina es la capacidad de hacer lo que sabes que debes hacer, incluso cuando no te apetece. Cultiva esta habilidad para superar momentos de resistencia.

Supera los obstáculos: En el camino de la transformación, es probable que encuentres obstáculos y desafíos. Encara estos obstáculos con determinación y busca soluciones en lugar de rendirte.

Reflexiona y ajusta: Regularmente, toma el tiempo para reflexionar sobre tu progreso. Evalúa lo que funciona y lo que no, y ajusta tu enfoque en consecuencia.

Compromiso a largo plazo: Comprende que la transformación personal es un proceso continuo. Mantén el compromiso a largo plazo de seguir creciendo y mejorando.

Apoyo social: Comparte tus metas y avances con amigos, familiares o un grupo de apoyo. El apoyo social puede ser una fuente poderosa de motivación y rendición de cuentas.

Autocompasión: Sé siempre amable contigo mismo. La autocompasión te permite perdonarte a ti mismo si tienes retrocesos y te ayuda a mantener una actitud positiva.

Mantener la disciplina y la consistencia en tu proceso de transformación requiere un enfoque comprometido y un esfuerzo continuo. Sin embargo, estas cualidades te ayudarán a avanzar de manera constante hacia tus objetivos, construir hábitos sólidos y experimentar un crecimiento significativo en tu vida.

La integración de la transformación en la vida cotidiana es la culminación de un viaje personal que implica cambios profundos y significativos. Aquí exploraremos cómo puedes llevar los frutos de tu transformación a tu día a día:

Coherencia: La transformación personal implica alinear tus acciones con tus valores y objetivos recién descubiertos. Practica la coherencia entre lo que crees y lo que haces en tu vida cotidiana.

Hábitos saludables: Implementa hábitos saludables que respalden tu bienestar físico, mental y emocional. Esto incluye la dieta, el ejercicio, el sueño y la gestión del estrés.

Comunicación: Aplica tus nuevos enfoques de comunicación y relaciones en tus interacciones diarias. Escucha activamente, expresa tus necesidades de manera asertiva y cultiva relaciones más significativas.

Toma de decisiones: Utiliza tus nuevas habilidades de toma de decisiones y claridad de objetivos en la vida cotidiana.

Aprende a priorizar y tomar decisiones que estén alineadas con tus metas y valores.

Resolución de problemas: Aborda los desafíos diarios con una mentalidad de resolución de problemas. La transformación personal a menudo te dota de herramientas para enfrentar los obstáculos de manera más efectiva.

Gestión emocional: Practica la gestión de tus emociones en tiempo real. Reconoce tus emociones, permite su expresión adecuada y aprende a lidiar con ellas de manera saludable.

Mindfulness: La atención plena te permite estar presente en cada momento. Aplica esta práctica en tu vida cotidiana, lo que te ayuda a reducir el estrés y a disfrutar más plenamente de tus experiencias.

Generosidad y servicio: Utiliza tu transformación para servir a los demás y contribuir al mundo de manera positiva. La generosidad y el servicio a menudo son una parte fundamental de un propósito más profundo.

Celebración de logros: Celebra tus logros, por pequeños que sean, en tu vida cotidiana. Esto te recuerda lo lejos que has llegado y te motiva a seguir adelante.

Reflexión continua: Continúa con la reflexión y la autoevaluación. La transformación personal es un proceso en curso, y la autorreflexión te ayuda a mantenerte enfocado y a seguir creciendo.

Flexibilidad: Si bien la transformación aporta un sentido de dirección, también es importante ser flexible y adaptarse a las circunstancias cambiantes de la vida.

La integración de la transformación en la vida cotidiana no es un proceso único, sino una práctica constante. Requiere un compromiso continuo para vivir de manera más auténtica y alineada con tus valores y metas recién descubiertos. A medida que avanzas en tu viaje de transformación, encontrarás que tu vida cotidiana se enriquece con significado y propósito.

El viaje interno como un viaje sin fin

Los frutos del viaje interno son las recompensas que cosechas a medida que avanzas. Estos frutos son testimonios tangibles de tu crecimiento y evolución. Aquí se describen algunos de los frutos más significativos que puedes esperar recolectar en tu viaje interno:

Autoconocimiento profundo: A medida que exploras tu interior, desarrollas una comprensión más profunda de quién eres, tus valores, creencias y deseos. Esto te permite vivir de manera más auténtica y coherente contigo mismo.

Claridad de objetivos: El viaje interno te ayuda a identificar tus objetivos y propósitos en la vida. Tener claridad sobre lo que deseas te brinda un sentido de dirección y motivación.

Bienestar emocional: Aprendes a gestionar tus emociones de manera más saludable, lo que contribuye a un mayor bienestar emocional. Te vuelves más resistente al estrés y más capaz de manejar los desafíos de la vida.

Relaciones más significativas: Al conocerte mejor, puedes relacionarte de manera más profunda y auténtica con los demás. Las relaciones se fortalecen a medida que te comunicas desde un lugar de verdad y comprensión mutua.

Creatividad y expresión: A menudo, el viaje interno despierta la creatividad y la expresión personal. Te sientes más libre para explorar tus talentos y pasiones creativas.

Empoderamiento: A medida que superas obstáculos internos, desarrollas un sentido de empoderamiento. Te das cuenta de que eres capaz de enfrentar desafíos y lograr tus metas.

Sentido de propósito: Descubres un sentido más profundo de propósito en la vida. Comprendes cómo puedes contribuir de manera significativa al mundo y te sientes motivado a hacerlo.

Paz interior: A medida que resuelves conflictos internos y abrazas tus sombras, experimentas una mayor paz interior. Te sientes en armonía contigo mismo.

Resiliencia: Desarrollas una mayor resiliencia emocional y mental. Puedes recuperarte más rápidamente de los desafíos y mantener una actitud positiva en medio de la adversidad.

Autenticidad: Te vuelves más auténtico y fiel a ti mismo. No te sientes presionado por encajar en moldes predefinidos y vives de acuerdo con tus propios valores y creencias.

Felicidad duradera: Si bien la felicidad puede ser efímera, los frutos del viaje interno a menudo contribuyen a una felicidad más duradera y satisfactoria.

Los frutos del viaje interno son valiosos y gratificantes, y aunque el proceso puede ser desafiante en momentos, las recompensas de vivir de manera más auténtica y significativa son invaluables. Cada persona experimenta su viaje interno de manera única, y los frutos que cosechas reflejarán tus propias experiencias y descubrimientos.

El viaje interno es un viaje sin fin, un continuo autodescubrimiento y transformación a lo largo de toda la vida. Aquí se explora la idea de cómo el viaje interno nunca realmente termina:

Evolución constante: A lo largo de la vida, experimentamos un crecimiento y una evolución constantes. Nuestros valores, metas y deseos pueden cambiar a medida que adquirimos nuevas perspectivas y experiencias.

Capas de descubrimiento: El viaje interno implica despojarse de las capas que ocultan nuestra verdadera esencia. A medida que avanzamos, seguimos descubriendo aspectos más profundos de nosotros mismos.

Aprendizaje continuo: El aprendizaje es una parte fundamental del viaje interno. Siempre hay algo nuevo por descubrir, ya sea sobre nosotros mismos, las relaciones, el mundo o la vida en general.

Adaptación a la vida: La vida nos presenta desafíos y cambios constantes. El viaje interno nos ayuda a adaptarnos y a enfrentar estos desafíos de manera más efectiva.

Reflexión y ajuste: A medida que avanzamos en nuestro viaje, es esencial hacer pausas para la reflexión y el ajuste. Reevaluamos nuestras metas y valores a lo largo del tiempo y ajustamos nuestro camino en consecuencia.

Búsqueda de significado: La búsqueda de significado en la vida es un viaje en curso. Siempre estamos explorando y reevaluando lo que da sentido a nuestras vidas.

Resolución de nuevos desafíos: A medida que superamos los desafíos y obstáculos anteriores, pueden surgir nuevos desafíos. El viaje interno nos prepara para enfrentar estos desafíos de manera más competente.

Contribución continua: Muchas personas encuentran que a medida que se conocen mejor, también sienten un deseo más profundo de contribuir positivamente al mundo. Esto se convierte en una parte continua de su viaje.

Mantenimiento de la paz interior: La paz interior es una búsqueda continua. A medida que resolvemos conflictos internos, seguimos trabajando para mantener esa paz a lo largo de la vida.

Exploración de nuevas pasiones: A lo largo de la vida, podemos descubrir nuevas pasiones y áreas de interés. El viaje interno nos permite explorar estas pasiones de manera más auténtica.

El viaje interno es un viaje sin fin, no porque nunca lleguemos a un destino final, sino porque el proceso en sí mismo es enriquecedor y satisfactorio. Es el viaje mismo lo que da sentido a la vida.

El viaje interno puede ser desafiante, pero la perseverancia es fundamental. El viaje interno es un regalo en sí mismo. Nos brinda la oportunidad de vivir de manera más auténtica, significativa y enriquecedora. Es un recordatorio constante de que la vida es un viaje de descubrimiento y crecimiento. El viaje interno es un viaje hacia uno mismo, un viaje que nunca termina y que impacta en todas las áreas de la vida. Cada reflexión y descubrimiento a lo largo de este viaje enriquece nuestra experiencia y nos acerca a una vida más auténtica y plena.

La inspiración para seguir explorando tu propio camino interior puede provenir de muchas fuentes y experiencias. Aquí te brindo algunas fuentes de inspiración que pueden motivarte a continuar en tu viaje interno:

Leer y aprender: La literatura y los recursos de desarrollo personal ofrecen una fuente infinita de inspiración. Los libros, artículos y conferencias de autores que han recorrido caminos similares pueden proporcionar conocimientos y motivación.

La naturaleza: La belleza y la serenidad de la naturaleza pueden ser inspiradoras. Tomarse el tiempo para conectarse con el entorno natural puede ayudarte a encontrar claridad y paz interior.

Prácticas espirituales: La meditación, el yoga, la oración y otras prácticas espirituales pueden proporcionar una conexión profunda contigo mismo y con el universo. Estas prácticas a menudo ofrecen momentos de insight y comprensión.

Arte y creatividad: La expresión artística es una vía poderosa para explorar el yo interior. Pintar, escribir, tocar música o participar en cualquier forma de creatividad puede abrir puertas a la inspiración.

Conexión con otros: Compartir tus experiencias con amigos, familiares o un grupo de apoyo puede ser una fuente de inspiración. Las historias de los demás y su apoyo pueden recordarte que no estás solo en tu viaje.

Viajar y experimentar nuevas experiencias: Explorar lugares nuevos y experimentar diferentes culturas puede brindarte perspectivas frescas y ampliar tu comprensión de ti mismo y del mundo.

Conexión con tu intuición: Escuchar tu voz interior y seguir tu intuición puede llevarte a descubrimientos sorprendentes. La confianza en tu sabiduría interna puede ser una fuente continua de inspiración.

La búsqueda de significado: La exploración de preguntas profundas sobre el propósito y el significado de la vida puede ser una fuente constante de inspiración. La búsqueda de respuestas puede llevarte a lugares inexplorados.

La búsqueda de la felicidad: La búsqueda de la felicidad genuina y duradera puede inspirarte a seguir explorando tu camino interior. La realización de que la felicidad no depende de circunstancias externas te motiva a buscar la alegría dentro de ti.

El viaje interior es único para cada individuo, y la inspiración puede venir de diversas fuentes. Mantén una mente abierta y dispuesta a aprender de tus experiencias y de aquellos que te rodean. El camino de autodescubrimiento es una aventura continua que puede enriquecer y transformar tu vida de maneras sorprendentes.

Recursos adicionales

Ejercicios prácticos y actividades que puedes realizar para fomentar la autorreflexión:

Estos ejercicios te ayudarán a profundizar en la autorreflexión y a desarrollar una mayor comprensión de ti mismo, y ayudarte en tu viaje interno.

Diario de gratitud: Dedica tiempo cada día para escribir en un diario de gratitud. Anota al menos tres cosas por las que te sientes agradecido. Esto te ayudará a enfocarte en lo positivo y a desarrollar una perspectiva agradecida.

Cartas a ti mismo: Escribe una carta a tu yo futuro, ya sea un año o cinco años más tarde. Describe tus objetivos, deseos y expectativas. Luego, guárdala y léela en el futuro para ver cuánto has cambiado y cuántos de esos deseos se han cumplido.

Meditación de autorreflexión: Dedica tiempo a la meditación de autorreflexión. Siéntate en silencio, enfócate en tu respiración y contempla preguntas como "¿Quién soy?" y "¿Qué quiero en la vida?". Permite que las respuestas surjan de tu interior.

Entrevista contigo mismo: Imagina que eres un entrevistador que se hace preguntas a sí mismo. Lleva a cabo una entrevista, haciendo preguntas sobre tus metas, valores, fortalezas y debilidades. Luego, reflexiona sobre tus respuestas.

Lista de logros y desafíos: Haz dos listas, una de tus logros y otra de tus desafíos. Esta actividad te permitirá reconocer tus fortalezas y debilidades. Luego, reflexiona sobre cómo puedes aplicar esas fortalezas para superar tus desafíos.

Rueda de la vida: Dibuja una rueda con áreas importantes de tu vida, como familia, carrera, salud, relaciones, etc. Luego, califica cada área del 1 al 10 según tu satisfacción actual. Reflexiona sobre las áreas que deseas mejorar y cómo puedes hacerlo.

Entrevista a un amigo: Pídele a un amigo de confianza que te haga preguntas sobre ti mismo. Esta perspectiva externa puede proporcionar información valiosa sobre tu personalidad y comportamiento.

Dibujo o collage: Crea un dibujo o un collage que represente quién eres, tus valores y tus objetivos. No te preocupes por ser un artista, lo importante es la autorreflexión a través de la expresión visual.

Lista de "YO SOY": Escribe una lista de afirmaciones positivas que comiencen con "Yo soy..." Esto te ayudará a definir y afirmar quién eres en lugar de quién crees que deberías ser.

Revisión mensual o anual: Al final de cada mes o año, tómate un tiempo para revisar tus logros, desafíos y aprendizajes. Considera lo que deseas lograr en el próximo período y cómo puedes avanzar en tu viaje interno.

El autodescubrimiento es un proceso continuo, y estos ejercicios pueden ser útiles a lo largo de tu viaje.

Ejercicios adicionales que te brindarán herramientas prácticas para explorar tu interior, desarrollar la autorreflexión y profundizar en tu conocimiento personal.

Meditación de exploración interior: Dedica tiempo cada día para meditar y explorar tu interior. Durante la meditación, enfócate en tu respiración y permite que tus pensamientos y emociones fluyan. Observa sin juzgar y busca comprender mejor tu mente y emociones.

Carta a tu yo del pasado y futuro: Escribe una carta a tu yo del pasado, compartiendo las lecciones que has aprendido y los consejos que te darías a ti mismo. Luego, escribe una carta a tu yo futuro, expresando tus deseos y metas. Estas cartas pueden proporcionar claridad y perspectiva en tu viaje.

Diario de reflexiones: Lleva un diario de reflexiones en el que escribas tus pensamientos, emociones y experiencias diarias. Anota tus desafíos, éxitos y momentos de autorreflexión. La escritura puede ayudarte a procesar tus pensamientos y seguir tu progreso.

Conversaciones significativas: Mantén conversaciones profundas y significativas con amigos o familiares. Explora temas profundos como la vida, la felicidad, el propósito y los valores. Estas conversaciones pueden proporcionarte nuevas perspectivas y enriquecer tu viaje interno.

Retiro de silencio: Dedica un fin de semana o más a un retiro de silencio. Durante este tiempo, evita la comunicación verbal y digital. En su lugar, enfócate en la introspección, la meditación y la conexión con la naturaleza. El silencio puede facilitar la autorreflexión profunda.

Visualización creativa: Dedica tiempo a la visualización creativa. Cierra los ojos y visualiza tu vida ideal, tus metas cumplidas y tus deseos realizados. Esta técnica te ayudará a alinear tu mente con tus objetivos y a conectarte con tus aspiraciones más profundas.

Caminatas de autorreflexión: Realiza caminatas en la naturaleza mientras te sumerges en la autorreflexión. Observa los sonidos, olores y colores a tu alrededor. Usa este tiempo para meditar sobre tus pensamientos y emociones, y busca respuestas a preguntas importantes.

Lista de "Soy capaz de...": Haz una lista de tus habilidades y capacidades. Enumera tus logros y momentos en los que te has sentido orgulloso de ti mismo. Esto te ayudará a reconocer tus fortalezas y a ganar confianza en tu capacidad para superar desafíos.

Desafío de enfrentar un miedo: Identifica un miedo o una limitación que desees superar. Luego, comprométete a enfrentar este miedo de manera gradual. Llevar a cabo acciones específicas para superarlo te ayudará a crecer y a ganar confianza.

Estos ejercicios te brindarán herramientas adicionales para continuar tu viaje interno. Pueden ayudarte a profundizar en tu autorreflexión, desarrollar una mayor comprensión de ti mismo y avanzar hacia tus objetivos personales.

Sobre el Autor

La autora, una viajera llamada Vimi.

Desde muy joven, Vimi soñaba con explorar el mundo y descubrir nuevos horizontes. Sentía un llamado profundo a embarcarse en un viaje que trascendiera.

Con una mochila llena de sueños y una sed de aventura, partió en un viaje alrededor del mundo. Recorrió países lejanos, se sumergió en culturas exóticas y se maravilló con la diversidad del planeta. Cada destino era una oportunidad para conocer nuevas personas, escuchar historias fascinantes y ampliar su comprensión del mundo.

Sin embargo, a medida que viajaba, también se daba cuenta de que este viaje iba más allá de los lugares que visitaba. Se dio cuenta de que el verdadero viaje estaba ocurriendo dentro de sí misma. Cada experiencia en un nuevo país o encuentro con personas de diferentes culturas era un espejo que reflejaba su propio crecimiento personal.

Vimi se sumergió en prácticas de atención plena mientras viajaba. Aprendió a estar plenamente presente en cada momento, a apreciar la belleza de cada paisaje y a saborear los sabores únicos de cada comida. La atención plena le permitió sumergirse en la experiencia de viajar sin preocuparse por el pasado o el futuro, sino abrazando plenamente el presente.

A lo largo de su viaje, se encontró con otras viajeras que también estaban en busca de algo más profundo. Juntas, compartieron historias, conocimientos y amistades duraderas. Formaron un grupo de apoyo y se alentaron mutuamente a seguir explorando y creciendo. A medida que continuaba su viaje, se enfrentó a desafíos y momentos de incertidumbre. Pero esos desafíos se convirtieron en oportunidades para crecer y desarrollar una mayor resiliencia. Aprendió a confiar en sí misma y en su intuición para tomar decisiones, y a disfrutar cada paso del camino, incluso cuando las cosas no salían según lo planeado.

Con cada destino que exploraba, también se adentraba más en su propio ser. Aprendió a escuchar su voz interior y a seguir sus pasiones más profundas. Descubrió nuevos talentos, intereses y perspectivas que la ayudaron a definir su camino en la vida.

Finalmente, después de años de viajar y explorar, regresó a su hogar con una mirada renovada sobre el mundo y sobre sí misma. Compartió sus experiencias, inspirando a otras personas a seguir sus propios sueños de viajar y a descubrir el poder transformador de la exploración.

La historia de Vimi es un testimonio de coraje, curiosidad y crecimiento personal a través del viaje. A través de su búsqueda por el mundo, encontró un camino de autodescubrimiento y aprendizaje. Su historia nos recuerda que cada viaje, ya sea físico o interno, puede llevarnos a lugares inimaginables y despertar un sentido renovado de propósito y conexión con el mundo que nos rodea.

Durante años, Vimi trabajó arduamente. Sin embargo, a pesar de su éxito profesional, sentía que algo faltaba en su vida. Comenzó a reflexionar sobre su propósito y su satisfacción personal. Se dio cuenta de que había estado viviendo la vida que se esperaba de ella, pero no estaba conectada con su verdadero ser. Este despertar la llevó a embarcarse en un viaje interno para descubrir quién era realmente y qué significaba el éxito para ella.

Descubrió que su verdadera pasión estaba en ayudar a otros a alcanzar su máximo potencial y encontrar un equilibrio entre el éxito profesional y la felicidad personal. Ella también se sumergió en prácticas de atención plena y auto-reflexión. Aprendió a escuchar su voz interior, a conectarse con su intuición y a alinearse con sus valores en cada decisión que tomaba. Esto la ayudó a encontrar un mayor sentido de propósito y autenticidad en su vida.

A medida que Vimi continuaba su viaje interno, comenzó a hacer cambios significativos en su carrera y en su estilo de vida. Optó por una jornada laboral más equilibrada, dedicando tiempo a sus pasiones y a su bienestar personal. Empezó a compartir su experiencia, inspirando a otros a encontrar su propio camino hacia una vida significativa y satisfactoria.

Con el tiempo, Vimi descubrió que su viaje interno no solo transformó su vida, sino que también tuvo un impacto positivo en su entorno profesional y personal. Su enfoque en la autenticidad y el equilibrio inspiró a sus colegas y seres queridos a reconsiderar sus propias prioridades y a vivir una vida más plena. Se convirtió en una defensora del crecimiento personal, del desarrollo de una mentalidad consciente y del turismo sostenible

Su historia es un testimonio del poder transformador de un viaje interno en el ámbito personal y profesional. A través de su determinación para explorar su verdadero ser, ella encontró su propósito y creó una vida que reflejaba sus valores más profundos. Su historia es un recordatorio inspirador de que el éxito y la satisfacción personal están intrínsecamente conectados con el autoconocimiento y la autenticidad.

Agradecimientos

Quiero expresar mi profundo agradecimiento a todas las personas que han sido parte de mis viajes físicos e internos y han contribuido a la creación de este libro. Su apoyo, inspiración y presencia han sido fundamentales en mi camino de autodescubrimiento y crecimiento personal.

Agradezco a mis seres queridos, quienes han estado a mi lado durante los altibajos. Su amor, comprensión y aliento incondicional han sido un faro de luz en los momentos de oscuridad y una fuente de alegría.

Quiero mostrar mi gratitud a aquellos cuyas historias y testimonios han sido fuentes de inspiración para mí. Agradezco a mis compañeros de viaje, aquellos con quienes he compartido, reflexionado y hemos tenido momentos de crecimiento conjunto. A través de todas experiencias compartidas, he encontrado consuelo, orientación y una sensación de pertenencia en mi propia búsqueda. Nuestra conexión y apoyo han sido un recordatorio constante de que no estamos solos en nuestros viajes internos y que cada encuentro puede ser una oportunidad para aprender y crecer juntos.

Por último, pero no menos importante, quiero agradecer a todos los lectores que han dedicado tiempo a explorar este libro. Espero que las palabras escritas aquí les brinden inspiración, reflexión y un mayor sentido de conexión con su propio viaje interno.

Mi agradecimiento se extiende a todos los que han cruzado mi camino, directa o indirectamente, y han contribuido a mi crecimiento personal y a la creación de este libro. Cada interacción, cada relación y cada experiencia han sido importantes en mi viaje interno, recordándome que estamos todos interconectados en nuestro viaje de autodescubrimiento y crecimiento. Gracias de todo corazón.

Estimado lector

En estas palabras finales, deseo transmitir mi sincero deseo y esperanza de que este libro haya sido de ayuda en tu viaje interno. Mi objetivo al escribir estas páginas ha sido proporcionarte orientación, inspiración y perspectivas que te acompañen en tu viaje personal.

Quiero recordarte que este viaje interno es un proceso continuo, sin un destino final definido. Cada paso que das, por pequeño que sea, es valioso y significativo. Incluso en los momentos de desafío y confusión, recuerda que estás en el camino correcto. A través de los obstáculos, las verdades descubiertas y las sombras enfrentadas, encontrarás una mayor autoconciencia.

Es importante que te recuerdes a ti mismo ser amable contigo mismo. La autocompasión es una herramienta poderosa que te ayudará a enfrentar los desafíos con gracia y a celebrar las victorias con alegría. Permítete cometer errores, aprender de ellos y seguir adelante con determinación y confianza. A medida que continúes el viaje interior, es posible que te encuentres con nuevas preguntas, nuevas oportunidades y nuevos desafíos. Permítete seguir explorando, seguir preguntando y seguir aprendiendo. Mantén la curiosidad viva y mantén una mente abierta a nuevas perspectivas y posibilidades.

Recuerda que este viaje interno es tuyo y solo tuyo. No te compares con los demás ni te sientas presionado por cumplir expectativas externas. Sigue siendo fiel a ti mismo, escucha tu intuición y confía en tus propias capacidades. Eres el único experto de tu propia experiencia y nadie puede caminar tu camino por ti.

En estas palabras finales, quiero enviarte un mensaje de ánimo y apoyo. Este viaje interno puede ser desafiante en momentos, pero también es profundamente gratificante. Mantén la fe en ti mismo y en tu capacidad para crecer, sanar y transformarte. Nunca subestimes el poder y la belleza de tu propio viaje.

Gracias por acompañarme en estas páginas y por permitirme ser parte de tu viaje interno. Que encuentres la fuerza, la sabiduría y la plenitud en cada paso que das. Sigue explorando, sigue creciendo y sigue siendo fiel a ti mismo. Te deseo lo mejor en tu viaje de autodescubrimiento y crecimiento continuo.

Con amor y gratitud

Vimi Vera
www.comolovi.com

Printed in Great Britain
by Amazon